쿠오바디스 대한민국

- 대한민국은 어디로 가고 있는가

이준일
김동춘
이재열
신광영
조흥식

(사)기독교윤리실천운동 www.cemk.org

쿠오바디스 대한민국

- 대한민국은 어디로 가고 있는가

초판 1쇄 인쇄 2022년 3월 2일
초판 1쇄 발행 2022년 3월 3일

지은이 이준일 김동춘 이재열 신광영 조홍식
펴낸이 백종국
편 집 김현아
디자인 김현아

펴낸곳 도서출판 기윤실
주 소 (04382) 서울시 용산구 한강대로54길 30, 401호 (한강로1가, 세대빌딩)
홈페이지 www.cemk.org   **전화** 02-794-6200   **메일** cemk@hanmail.net

- copyright©2022, 기독교윤리실천운동
- ISBN 979-11-952512-5-4
- 잘못 만들어진 책은 교환해 드립니다.

 본서는 창조세계를 돌보는 마음으로 재생종이에 인쇄했습니다.

기독교윤리실천운동은

민주화에 대한 열기가 절정을 이루던 1987년, 김인수, 손봉호, 이만열, 이장규, 원호택, 장기려, 강영안 등 함께 성경공부를 하던 기독인들이 뜻을 모아 시작한 기독시민운동입니다. 하나님의 말씀인 성경과 정통적 기독교신앙을 기본이념으로, **복음에 합당한 윤리적 삶**을 살아가는 정직한 그리스도인, 신뢰받는 교회가 되도록 섬기며, 정의롭고 평화로운 사회를 만드는 것을 사명으로 삼고 있습니다.

기윤실은 '**정직, 책임, 정의**'를 핵심 가치로 하여 〈자발적불편운동〉, 〈교회신뢰운동〉, 〈좋은사회운동〉, 〈청년운동〉, 〈청년센터WAY〉, 〈좋은나무 웹진〉 등 다양한 운동을 전개하고 있습니다.

www.cemk.org

목 차

■ 펴내는 글   6

■ 1부
"공정, 그 너머 우리 시대의 담론"

공정이란 무엇인가? / 이준일   12

공정담론, 능력주의와 2030 청년 / 김동춘   37

■ 2부
"사회통합 : 공공선과 신뢰의 회복"

사회통합 : 공공선과 신뢰의 회복 / 이재열   54

3부

"빈곤과 불평등 완화, 약자를 보호하는 길"

불평등, 빈곤과 부채 / 신광영	88
코로나19 이후 불평등 해소 정책의 과제 / 조흥식	108

저자 소개　　　　　　　　　　　　　　　　　　　134

펴내는 글

/ 정병오
(사)기독교윤리실천운동 상임공동대표
서울시교육청 오디세이학교 교사

쿠오바디스 대한민국

그동안 대한민국은 민주주의와 경제성장을 동시에 이룩한 나라로 칭송을 받아왔다. 하지만 다른 한편에서 대한민국은 불평등의 심화, 저출생과 노령화, 극심한 이념대립으로 인한 국민 분열의 중병을 앓고 있는 나라이기도 하다. 그리고 남북 간 평화체제 구축이나 미중 간 갈등 상황에서의 균형 외교, 전 지구적 기후위기에 대응한 탄소중립과 친환경 에너지 체제 구축 같은 중요한 의제들과 관련해서도 이념 정쟁만 일삼을 뿐 제대로 된 대응책을 찾지 못하고 있다.

지난 20대 대통령 선거는 이러한 문제를 공론화할 수 있는 중요한 기회였다. 민주주의 국가에서 대선은 단지 어떤 사람을 대통령으로 뽑느냐 하는 문제를 넘어, 한 사회가 직면한 위기의 본질에 대해 함께 대안을 찾고 그 해법을 실현하기 위한 절차와 역할 분담을 결정하는 국민적 합의의 과정이기 때문이다. 하지만 불행히도 지난 대선에서는 주요 후보와 그 주변 인물들의 도덕성 공방과, 정권교체냐 정권재창출이냐 하는 구호를 중심으로 내 편과 네 편을 가르는 일에만 치중했을 뿐 우리 사회가 직면한 과제들에 대한 비전과 해법의 제시는 이루어지지 않았다.

기윤실은 지난 20대 대선 기간 동안 각 정당의 후보자를 비롯해 온 국민이 마음과 지혜를 모아야 할 시대정신으로 '공정', '불평등', '사회통합' 문제를 꼽았다. 특별 포럼 〈시대정신을 묻는다〉를 개최하여 최근 화두가 된 공정 담론이 능력주의로 흐르지 않고 출발선이 다른 여러 사회적 약자들을 품는 진정한 공정 담론이 되기 위한 방안에 대해 논의하고, 점점 더 심화되는 양극화와 불평등의 문제와 이것이 가져온 한국 사회의 여러 위기 지표를 점검했다. 또한 이념적 대립과 사회적 불신 및 갈등을 극복하고 공공선과 신뢰에 기반 한 사회를 만들어가기 위한 방안을 모색했다.

이렇게 기운실이 대선 기간에 던진 '공정', '불평등', '사회통합'의 의제들이 대선 국면에서 제대로 반영되지는 않았지만, 대선 이후에도 우리 사회가 지속적으로 함께 논의하고 해결 방안을 모색해야 할 과제라고 판단하여 포럼에서 다룬 내용을 책으로 발간한다. 한 사회의 변화는 개인적 불평으로 해결할 수 없고, 특정 정파를 무조건적으로 비난하고 다른 정파의 편을 드는 것으로도 해결할 수 없다. 자신이 지지하는 정당이나 정파를 넘어 하나하나의 이슈에 대해 나의 이해관계나 선입견을 내려놓고 여러 다른 의견들에 귀 기울여야 하며, 합리적인 토론의 과정을 통해 실사구시적인 합의를 해나가야 한다. 이러한 지난한 과정을 통해서만 한 사회는 조금씩 더 나은 길로 나아갈 수가 있다.

물론 이 책이 우리 사회가 안고 있는 '공정', '불평등', '사회통합'에 온전한 답을 제시했다고 볼 수는 없다. 다만 각 의제들의 기본적인 실태와 문제의식을 짚어보고 이를 해결하기 위해 필자들이 제시한 방안들에 대해 함께 생각해보고자 함이다. 그러므로 이 내용에 대해 찬반 의견은 물론이고 또 다른 관점을 제시하는 등 건설적인 논쟁이 이어지길 소망한다. 그리고 이러한 논의와 논쟁을 통해 모아지고 정리 된 생각들이 언론을 통해 공론화 되고 앞으로의 선거 국면에서 공약으로 발전되고, 나아가 정부의 정책과 국회의 입법으로 채택되어 한국 사회가 보다

정의롭고 평화로운 사회로 더불어 사는 공동체가 될 수 있길 간절히 소망해 본다.

1부

공정, 그 너머의 담론

"공정이란 무엇인가" / 이준일

"공정담론, 능력주의와 2030청년" / 김동춘

쿠오바디스 대한민국

공정이란 무엇인가?

/ 이준일
고려대학교 법학전문대학원 교수
국가인권위원회 인권위원, 법학박사

1. 시작하면서

'공정'이 시대의 화두가 되고 있다. 사실 공정은 이미 시대와 공간을 뛰어넘어 보편적 가치로 확인되었다고도 할 수 있는데 왜 하필이면 지금, 이 시대에 한국 사회에서 공정이 주목받는 것일까? 스스로 불공정과 싸워 왔다고 주장하며 대중의 인기를 등에 업은 검찰총장 출신의 한 인사는 대선출마를 선언하면서 '공정과 상식'을 선거구호로 들고 나왔다. 이 인사가 적극적으로 비판하는 현 정부가 추구하는 중요한 가치도 '기회의 평등, 절차의 공정, 결과의 '정의'다.[1] 다. 대체로 공정은 절차, 정의는 실체(내용), 평등은 형식과 관련지어 논의되는 것처럼 공정, 정의,

---

[1] "차별 없는 세상을 만들겠습니다. 거듭 말씀드리지만 문재인과 더불어민주당 정부에서 기회는 평등하고 과정은 공정하고 결과는 정의로울 것입니다." 2017년 5월 10일 문재인 대통령 취임사에서 인용.

평등은 엄밀하게 구분하면 다른 용어이지만 내용이 상당 부분 중첩되거나 어떤 면에서는 동의어일 수도 있다. 공평, 공의, 형평, 균등이라는 표현도 유사한 의미로 사용되기도 한다. 절차적 공정이라는 표현이 때로는 실체적 정의와 구분되어 이해되기도 하지만 공정은 절차적 측면과 실체적 측면을 모두 포함하는 정의의 동의어로 이해되기도 하는 것이다[2]. 현재의 시대적 상황이 공정이라는 표현을 선호하기 때문에 다소 무리가 따르지만 공정을 정의나 평등과 엄격하게 구분하지 않은 채 거기에 포함될 수 있는 내용이 무엇인지에 대해서 고민해 보기로 한다. 당연히 공정의 반대말인 '불공정'의 내용에 포함될 수 있는 사회적 현상들을 살펴보면 공정의 반면교사가 될 수도 있을 것이므로 한국 사회의 불공정 현상도 함께 검토해 보기로 한다.

2. 선착순 혹은 추첨제

공정하면 가장 먼저 떠오르는 단어가 '선착순'이다. 일상에서 매우 익숙한 선착순은 공정의 최소한으로 여겨진다. '먼저 온 순

---

[2] 법의 영역에서는 '독수독과'의 법리에 따라 절차적 공정은 실체적 진실과 구분되어 절차적 공정이 실체적 진실을 결정하기도 한다. 이 경우에 공정은 우선적으로 절차와 연결됨으로써 단지 실체와 연결되는 진실이나 정의에 접근한 과정이나 방법에 지나지 않는 것을 넘어 실체적 진실이나 정의를 판단하는 독립적 기준이 됨으로써 공정은 정의와 명확하게 분리될 뿐만 아니라 심지어 정의 그 자체를 결정하는 본질적 개념으로 사용되기도 한다.

서대로 원하는 일을 처리하는 것(First come, first served)'이야말로 가장 공정하다고 생각하는 것이 일반적이다. 은행이나 병원의 창구에서 사용되는 '번호표'가 대표적이다. 번호표는 '줄서기'의 세련된 형태다. 매표소에서도, 화장실에서도, 식당에서도, 계산대에서도, 접수대에서도 차례(순서)를 기다리기 위해 줄을 선다. 줄서기가 다소 불편하기는 해도 공정하지 않다고 생각하는 사람은 거의 없는 듯하다. 한 줄이 아니라 두 줄 이상이 되면 줄을 잘 서서 이득을 보거나 줄을 잘못 서서 손해를 보는 사람이 생기기 때문에 '한 줄 서기'가 줄서기의 이상형이 되고, 이를 대기번호로 자동화하여 물리적 줄서기의 번거로움을 제거한 것이 번호표다. 번호표는 '예약제도'를 통해 줄서기의 공간적 제약을 해소하기도 한다. 전화든 메일이든 먼저 예약한 사람이 먼저 서비스를 제공받을 수 있도록 만드는 예약제도는 최근에 인터넷 예약제를 통해 일상화되어 가고 있다.

선착순은 일찍 온 행위에 더 많은 가치를 부여하는 것이므로 그렇게 일찍 온 사람의 '노력'을 평가해준다는 의미를 포함한다. 흔히 '성실'로도 표현되는 노력(수고)의 양(시간)에 따라 달리 평가되어야 공정하다는 생각이 널리 퍼져 있다. '일찍 일어나는 새가 벌레를 잡는다(The early bird catches the worm)'는 격언은 동서양을 막론하고 보편적 명령으로 받아들여지고 있는 것처럼 보인다. 한국 사회에서는 이러한 공정 관념이 지배하여 '개근상'이 성실의 표상인 것처럼 대우받기도 한다. 반드시 다른 사람보다 일찍 등교할 필요는 없지만 빠지지 않고 수업에 참여하는 것만으로도 전체적으로 보면 소중한 시간을 상대적으로 더 많이 투자한 것이므로 여기에 일정한 평가가 부여되는 것이다. 하지만 노력과 성실이 항상 '성과'와 '결과'를 담보하지는 않는다. 일찍 오거나 빠지지 않고 온다고 해도 정작 와서 졸거나 집중하지 않으면 아무런 의미가 없다. 설령 졸지 않고 집중했다고 해도 그것이 곧바로 성적으로 이어지는 것은 아니다. 출석도 다 하고 리포트도 다 냈고 시험도 다 봤는데 왜 이런 학점밖에 안 되냐는 불만, 나름 성실하게 노력했는데 제대로 결과에 반영되지 않았다는 성적에 대한 불만은 여전히 매학기 대부분의 대학에서 교수들이 상당수의 학생들로부터 들어야 하는 식상한 이야기다. 애초에 능력이나 자격이 없는 사람에게 노력과 성실로 성공할 수 있다는 권고는 단순한 희망고문에 지나지 않을 수도 있다는 것이 현실이다. 결국 노력이나 성실을 기준으로 먼저 오거나 빠지지 않고 오는 것보다 중요한 것은 나중에 오더라도, 몇 번은 빠지더라도 혹은 와서 졸더라도 기대하는 성과나 결과를 가져오는 것이다. 개근상보다 중요한 것은 결석이나 지각을 많이 해도 '우등상'을 받는 것일 수 있다. 양자택일적 결론을 피하고 절충적 타협점을 찾는 것이 비겁할 수도 있으나 적어도 이 지점에서는 노력이나 성실과 함께 성과나 결과가 동반되어 평가되는 것이 공정하다고 말할 수 있다.

줄서기나 번호표로 요약되는 선착순 체제에서 가장 해악이 되는 행동은 '새치기'다. 차례를 어기고 중간에 끼어드는 행위인 새치기는 번잡한 도로에서 일렬로 늘어선 차량들 사이로 잽싸게 차머리를 들이미는 얌체 차량에서 흔히 볼 수 있다. 새치기는 노력의 투자 없이 손쉽게 결과를 얻고자 하는 행동으로 노력을 기본으로 하는 선착순과 정반대의 지점에 위치한다. 한 동안 한국사회에서 다양한 형태의 새치기가 존재했고, 지금도 여전히 존재한다[3]. 노력과 성실만으로 모든 것을 평가할 수는 없어도 노력과 성실에 기반을 두고 있는 선착순이 여전히 공정으로서 가지는 최소한의 의미를 고려할 때 새치기는 원칙적으로 금지되어야 하고, 새치기하는 사람에 대해서는 적절한 사회적 제재가 필요하다. 선착순이 모든 영역에 적용될 수는 없어도 적어도 선착순이 적용될 수 있는 영역에서 선착순이 모든 사람이 지켜야 하는 하나의 '규칙'이나 '질서'로 합의되었다면 새치기는 일종의 예외(열외)를 인정하는 것이고, 이러한 예외는 사실상 우대로 '특권'을 부여하는 것과 다름없다. 공정한 사회는 새치기라는 특권을 인정하지 않는 사회다. 권력이나 부와 같은 어떠한 형태의

---

[3] 최근 한 정치인(국회의원)이 백신 접종의 순서를 어기고 먼저 백신 주사를 맞아 새치기 논란을 불러일으킨 사례를 떠올려 보자.

사회적 영향력을 소유했다고 성실하게 자신의 순서를 기다린 사람들보다 앞서 갈 수 있는 새치기의 특권이 인정되는 사회는 공정하지 못하다. 새치기의 방치는 예외라는 이름으로 '반칙'을 정당화하는 것이다. 반칙은 불공정의 다른 이름이다.

반칙이 불공정이라면 모든 반칙행위는 반드시 단속되어 합당한 제재가 가해져야 공정한 사회가 이루어질 수 있다. 반칙행위는 단지 도로교통법과 같은 영역에만 국한되지 않는다. 형법에서 금지하고 있는 횡령, 배임, 뇌물수수, 직권남용, 직무유기 등과 같은 각종 범죄행위가 모두 반칙행위다. 물론 단속기관의 인력부족이나 나태함으로 반칙행위에 대한 단속이 충분하게 이루어지지 않을 수도 있다. 공정한 사회는 반칙행위에 대한 철저한 단속으로 반칙행위를 하고도 제재를 받지 않는 사람의 숫자를 최대한 혹은 완벽하게 줄이는 사회다. 그렇지 않으면 신호위반이나 속도위반 또는 불법주차로 과태료의 부과를 받을 때 '왜 나만 단속하느냐'는 불만이 튀어나올 수 있다. 단순한 도로교통법 위반이 아니라 형사법 위반의 경우에 그 불만은 강력한 원성으로 변할 수도 있다. 일종의 '불법의 평등'을 주장하는 것인데 평등은 오로지 합법의 평등일 뿐이다. 다른 사람도 반칙행위를 한다는 이유만으로 나의 반칙행위가 정당화될 수는 없다. 반칙행위에 대한 단속은 행정 당국의 몫이지만 행정 당국이 단속을 제대로 하지 않는다고 해도 반칙행위는 여전히 반칙행위에 지나지 않는다. 사회질서를 확보하기 위하여 규칙을 정해 놓고 공정한 사회를 지향한다면 철저한 단속을 통해 규칙의 강제력을 담보해야만 불법의 평등을 주장하며 반칙행위를 일삼는 사람들을 줄일 수 있을 것이다. '규칙을 지키는 사람이 손해다'라고 주장하는 사람이 많아질수록 이것은 공정한 사회에서 멀어졌다는 명백한 증거다.

선착순은 정원제한이나 인원제한과 같은 '숫자제한'과 결합되어 무한경쟁을 유도한다. 한국 사회에서 학교나 군대를 떠올리면서 지금은 사라졌다고 하는 '얼차려'를 쉽게 기억해낼 수 있는데 그중에 가장 가혹한 것 중 하나가 선착순일 것이다. 특정한 지점이 지목되면 모두가 동시에 그쪽을 향해 뛰기 시작하여 일정한 숫자 안에 원점으로 들어오는 사람만 얼차려라는 이름의 기합을 면제받고, 순위 밖으로 밀려난 사람은 다시금 동일한 기합을 반복해야만 하기 때문이다. 반복되는 벌을 면제받기 위해서는 반드시 동료를 제쳐야만 하고, 아무리 죽을힘을 다해 뛰더라도 순위 안에 들지 못하면 가혹한 벌을 반복해서 감내해야만 한다. 벌이 아닌 인센티브의 관점에서 숫자제한과 결합된 선착순은 대부분의 '시험'에 도입되어 있다. 합격자의 숫자가 제한된 시험에서는 아무리 시험을 잘 보고 점수가 잘 나와도 순위 안에 들지 못하면 탈락(불합격)의 쓴잔을 마셔야 하기 때문이다. 이른바 절대평가가 아닌 상대평가의 형태로 진행되는 시험도 마찬가지다. 공무원시험이나 사원채용시험처럼 반드시 일정한 숫자만 합격시켜야 되는 시험의 경우에 선착순은 불가피하다. 하지만 일정한 능력과 자격을 갖춘 사람을 합격시켜야 하는 시험의 경우에 선착순은 가혹하고 심지어 불공정하기까지 하다. 충분한 능력과 자격을 갖추었음에도 단지 일정한 숫자에 들지 못했다는 이유로 반복해서 시험에 응시해야 하기 때문이다. 공정한 사회는 불가피하게 숫자를 제한해야 해서 선착순을 기본으로 하는 시험과, 능력이나 자격만 충족되면 숫자와 상관없이 합격시키는 시험을 구분할 수 있고, 이를 통해 불필요한 경쟁을 만들지 않는 사회다.

예외 없는 선착순은 구체적인 조건과 상황을 고려하지 않는다는 점에서 기계적이고 산술적인 공정에 지나지 않을 수 있다. 이에 따라 구체적인 조건이나 상황에 따라 더 중요한 일을 처리해야 하는 사람 또는 선착순에 적합하지 않은 사람에게 '우선순위'가 부여되기도 한다. 소방차나 응급차에게 도로를 양보하는 것, 임신부나 노약자에게 자리를 양보하는 것이 대표적이다. 한국 사회를 포함하여 어느 사회든 '사회적 약자'가 존재한다. 사회적 약자와 사회적 강자 사이에 엄존하는 '차이'를 인정하지 않은 채 선착순을 강요하는 것은 공정하지 않다. 장애인이나 여성, 아동이나 노인과 같은 사회적 약자에게 예외 없이 선착순을 요구하면 그들은 그저 맨 뒤에 서서 순서를 기다리다 꼭 필요한 제 때에 자신의 필요를 채우지 못하거나 공급의 부족으로 그들의 몫을 챙기지 못할 가능성이 높다. 사회적 약자를 배려하여 그들에게 선착순의 예외를 인정하여 조금은 앞쪽에 세워주는 것이 공정한 것이다. 다만 앞서 이야기한 특권의 의미를 가지는 예외, 반칙으로서 불공정에 해당하는 예외는 인정될 수 없으므로 각종 편법 행위에서 볼 수 있듯이 사회적 약자에게 허용되는 예외를 이용하여 특권과 반칙에 해당하는 예외를 정당화하는 일도 불공정에 해당할 것이다.[4]

선착순을 대체하는 제도로 고안된 것이 '추첨제'다. 일단 원하는 모든 사람들의 지원을 받아 한 통에 집어넣고 일정한 방식으로 당첨자를 골라내는 추첨을 실시하는 것이다. 사립 유치원이나 초등학교의 입학 혹은 아파트나 오피스의 분양을 위한 추첨을 생각해 보자. 추첨은 오로지 '우연'에만 결정을 맡긴다는 특징을 갖는다. 이러한 우연은 때로 '신(절대자)의 뜻'으로 여겨지기도 한다. 이런 식이라면 복권(로토)이야말로 가장 공정한 제도가 된다. 동일하거나 유사한 자격을 가진 많은 지원자가 몰리는

---

[4] 사회적 약자에 속하는 농민을 보호할 목적으로 '경자유전의 원칙'에 따라 실제로 토지를 경작하는 농민만이 토지를 소유할 수 있도록 법적으로 보호하고 있는데 도시에 살면서도 마치 농촌 현지에서 실제로 토지를 경작하는 농민인 것처럼 허위로 서류를 만들어 농지를 소유한 채 마치 토지를 경작하는 것처럼 위장하는 일부 부유층이 벌이는 편법의 예는 어렵지 않게 보도를 통해 경험할 수 있다.

경우에 추첨은 외부적 요인을 완벽하게 제거한다는 점에서 나름 공정해 보일 수도 있다. 심지어 공직자를 선출하는 '선거제도'를 운영하면서도 원하는 사람을 모두 지원하게 하여 추첨으로 선출하고, 이러한 추첨을 정기적으로 실시하자는 주장도 제기된다. 하지만 모든 결정을 우연에 맡기는 사회가 공정한 사회일 수 없다. 물론 아파트의 분양이나 휴양림 숙박시설의 이용처럼 공급은 제한되어 있고 수요는 많은 재화나 서비스를 제공할 때 추첨제가 공정한 결정을 위하여 불가피한 측면도 있다. 그렇다고 모든 결정을 추첨에 따라 실시하는 것은 실제로 필요한 사람, 현실적으로 급하게 필요한 사람, 얻기 위해 간절함으로 노력한 사람, 충분히 적절한 자격을 갖춘 사람과 같은 구체적인 타당성을 배제함으로써 매우 불공정한 결과를 초래할 수 있다. 모든 것을 추첨으로 결정하여 우연에 맡기자는 것은 공정한 사회는 애초에 존재할 수 없다는 '비관주의'에 근거하거나 단지 공정한 사회의 실현이 어렵다는 이유만으로 처음부터 그것을 포기하는 '철학적 게으름'일 수 있다. 심지어 추첨제는 모든 결정을 우연에 기반을 둔 요행(행운)에 맡김으로써 오늘도 일확천금을 꿈꾸며 로토를 사기 위해 줄을 서 있는 사람들처럼 오로지 불로소득을 기대하는 사람들, 노력 없이 한탕(대박)을 벌이기 원하는 사람들만으로 가득 찬 불공정한 사회를 만들 수도 있다.

3. 다수결 혹은 만장일치

공정하면 떠오르는 또 다른 단어는 '다수결'이다. 다수의 결정이 소수의 결정보다 옳다거나 선하다는 것도 널리 퍼져 있는 생각 중 하나이기 때문이다. 심지어 이러한 다수결원리는 보편적 정치원리로 받아들여지고 있는 '민주주의'의 핵심적 내용으로 간주되기도 한다. 반드시 전체의 과반수일 때에만 다수로 인정하는 '절대다수제' 또는 다른 쪽과 비교하여 수적으로 우위에 있는 것만으로도 다수로 인정하는 '상대다수제'로 다수결의 형태는 달라질 수 있지만 기본적으로 대의제 민주주의의 필수적 요소인 선거제도는 다수의 지지를 획득한 사람을 대표로 결정하는 다수결을 기본으로 삼고 있다. 공공 영역뿐만 아니라 민간 영역에 이르기까지 대부분의 의사결정에서도 정족수가 다르기는 하지만 대체로 다수결은 공정한 제도로 인식되어 수용되고 있다.

그렇지만 역사적으로 혹은 결과적으로 보면 항상 다수의 결정이 옳거나 선한 것은 아니었다. 다수결은 오로지 다수라는 숫자적 결과에만 주목하고 거기에 이르는 과정은 무시될 수 있으므로 다수의 결정도 비이성적 결정으로 틀릴 수 있고 악할 수 있는 것이다. 그렇다고 무작정 다수의 의사보다 소수의 의사, 특히 위대하거나 지혜롭다고 여겨지는 소수의 의사를 우선시키면 자칫 소수의 이해관계에 따라 다수의 이해관계가 결정됨으로써 다수가 피해를 보는 공정하지 못한 결과를 초래할 수 있다. 어쩌면 다수결은 모두는 아니지만 적어도 더 많은 사람들의 이익을 위한 공정한 결정을 내리는 데 필요한 불가피한 선택일 수밖에 없다.

다수결은 전체의 의사로 간주되는 다수의 의사가 모든 구성원이 참여하는 토론과 협의를 통해 이루어지는 것이 이상적이지만 한국 국회의 의사결정에서 흔히 볼 수 있듯이 어떤 형태로든 참여자가 제한되거나 선동이나 조종이 개입하여 다수의 의사가 형성될 가능성을 배제할 수 없다. 또한 다수결은 소수의 의견을 충분히 반영하여 소수도 납득할 수 있는 결정이면 모르겠지만 소수의 의견이 최종결정에 제대로 반영되지 못한 채 다수의 의견을 전체의 의견으로 간주한 뒤 그것을 소수에게 강요하는 경우에는 치명적 약점으로 작동할 수 있다. '양심적 병역거부자'와 같은 수많은 '사회적 소수자(Social minorities)'의 문제에서 발견할 수 있는 것처럼 목숨을 걸고서라도 다수의 결정에 복종하지 않는 소수자가 존재한다. 이런 사람들에게조차 다수의 결정에 무조건 복종하라고 강제하는 것은 공정하지 못하다. 사실 다수와 소수의 관계는 가변적이다. 특히 정치에서는 언제든지 다수(여당)가 소수(야당)가 될 수 있고, 소수가 다수가 될 수 있다. 하지만 어떤 경우에도 다수가 될 수 없는 '절대적 소수자'도 존재한다.

이러한 절대적 소수자에게 다수결의 강요는 죽음만큼 가혹하고 고통스러울 수 있으므로 어떤 식으로든 특별한 예외로서 대안(대체수단)을 인정할 필요가 있다.

다수결을 대체할 수 있는 제도는 '만장일치'다. 모두가 동의하는 결정만 전체의 결정으로 삼는 것이다. 교황선출과정에서 볼 수 있는 것처럼 모두가 동의하는 결론만 인정되는 것이다. 이러한 만장일치는 매우 이상적일 수 있지만 현실적으로 모두가 동의할 수 있는 결론을 끌어내기까지는 수많은 시간과 노력이 요구된다. 어떤 면에서 만장일치는 가능하다고 하더라도 어차피 내려야 하는 결론을 신속하게 내리기 위한 심리적 타협의 결과일 수도 있다. 근본적으로는 만인의 이해관계가 서로 다를 수 있다는 점에서 모두가 합의하는 만장일치의 결정이 가능할지에 대한 의문이 제기될 수도 있다. 모두가 동의하여 아무런 이의도 없이 합의할 수 있는 결정만이 공정하다는 주장은 오히려 공정이라는 이름의 비현실을 강요하고 결과적으로 실현가능한 공정을 회피하기 위한 변명일 수 있다. 결국 만장일치가 '최선'이지만 현실적으로 관철되는 것이 어렵기 때문에 다수결은 공정을 위한 '차선'이다. 다만 다수결은 모든 이해관계인의 참여를 최대한 보장하고 불가피하게 소수가 될 수밖에 없는 사람들의 의견을 최대한 반영할 것을 전제로 해야만 공정한 것이 된다. 이와 같은 전제조건이 충족된다면 다수의 결정은 마땅히 전체의 결정으로 존중받아야 한다. 단지 전체의 의사가 아니라 다수의 의사라는 이유만으로 전체의 의사로 간주되는 다수의 의사가 거기에 동의하지 않는 소수에 의해 거리낌 없이 거부될 수 있는 사회도 공정하지 못하다.

4. 기회의 평등 혹은 결과의 평등

공정은 기본적으로 모든 사람에게 동등한 기회를 준다는 의미에서 '기회의 평등'으로 이해된다. 애초에 기회부터 박탈하는 '차별'은 공정의 부정이다. 차별의 이유는 인종, 피부색, 국적, 성별, 장애, 연령, 학력 등 다양하다.5) 차별의 영역도 고용(직장), 교육(학교), 거래 등 삶의 영역에 다양하게 존재한다. 차별은 늘 비교의 과정에서 발생한다. 비교대상 또는 비교집단이 차이가 없이 동일한데도 특정한 개인 또는 집단에게 불리한 대우를 하거나 특정한 개인 또는 집단에게 유리한 대우를 하여 결국 특정한 개인 또는 집단이 불리하게 되면서도 이를 정당화할 수 있는

---

5) '국가인권위원회법'에 따라 차별금지사유로 열거된 것은 다음의 19가지다(동법 제2조 제3호): 성별, 종교, 장애, 나이, 사회적 신분, 출신 지역(출생지, 등록기준지, 성년이 되기 전의 주된 거주지 등을 말한다), 출신 국가, 출신 민족, 용모 등 신체 조건, 기혼·미혼·별거·이혼·사별·재혼·사실혼 등 혼인 여부, 임신 또는 출산, 가족 형태 또는 가족 상황, 인종, 피부색, 사상 또는 정치적 의견, 형의 효력이 실효된 전과(前科), 성적(性的) 지향, 학력, 병력(病歷).

합리적 이유를 제시하지 못하는 것이 차별이다. 같은 맥락에서 비교대상 또는 비교집단 사이에 차이가 있다면 이러한 상이한 대상에 대하여 합리적 이유 없이 동등한 대우를 하는 것도 차별에 해당한다. 차이를 인정하지 않는 것도 차별인 것이다. 개인이나 집단을 비교하면서 차이가 존재하는지 여부를 세밀하게 확인하고, 그러한 차이 유무에 걸맞게 동등한(동일한) 대우나 차등적(상이한) 대우를 하는 것이 공정한 것이다. 흔히 정규직과 비정규직의 차별에서 볼 수 있듯이 만약 비교가 되는 개인들이나 집단들 상호간에 차이가 없는데도(예: 정규직과 비정규직의 노동가치가 동일한데도) 차등적 대우를 하거나(예: 동일한 임금을 지급하지 않거나6)) 여성이나 장애인에 대한 차별에서처럼 분명한 차이가 있는데도(예: 남성과 비교하여 임신·출산이라는 여성의 특성상 차이가 있고, 비장애인과 비교하여 신체적·정신적 손상이라는 장애인의 특성상 차이가 있는데도) 동등한 대우를 하려면(예: 남성과 여성을 동일하게 대우하고, 비장애인과 장애인을 동일하게 대우하려면) 이를 정당화할 수 있는 합리적 이유를 제시하는 것이 공정한 것이다.

출발 조건이 다르고, 진행되는 과정이 다르기 때문에 기회의 평등이 반드시 '결과의 평등'을 보장하지는 못한다. 그렇다고 모든 사람에게 항상 똑같이(공평하게) 처우하는 '절대적 평등'이 공

---

6) '근로기준법'은 균등한 처우의 원칙을 규정하여 성별, 국적, 신앙 또는 사회적 신분을 이유로 근로조건에 대한 차별을 금지하고 있다(동법 제6조).

정일 수는 없다. 절대적 평등이 현실적으로 실현될 수 있는지부터 의문이고, 실현될 수 있다고 하더라도 그것은 모든 사람을 균일화(획일화)하는 전체주의적 이념에 가까울 수 있기 때문이다. 그렇다고 결과의 평등을 완전히 포기할 수는 없고, 이를 위해서는 과정에서의 특별한 고려와 결과에서의 일정한 조정이 필요하다. 장애인이나 사회취약계층 등 '사회적 약자'에 대한 쿼터제(할당제)가 대표적이다. 이러한 정책을 적극적 조치(Positive action) 또는 잠정적 우대조치(Affirmative action)로 부르는데[7] 이것을 이른바 '역차별'이라며 공정하지 못하다고 주장하는 것은 타당하지 않다. 오히려 사회적 약자에 대한 배려가 없는 사회가 불공정한 사회인 것이다. 한국 사회에는 북한이탈주민, 외국인 노동자, 미등록 이주민(외국인), 한부모가정, 다문화가족 등 다양한 사회적 약자가 존재한다. 이러한 사회적 약자들에 대하여 결과의 평등까지 보장하는 사회가 바로 공정한 공동체다.

기회의 평등이 곧바로 결과의 평등으로 이어지지 않는 것은 이른바 '기울어진 운동장'으로 불리는 '출발조건의 차이' 때문이다. 일정한 높이의 울타리 너머를 볼 수 있는 동일한 기회를 부여해도 출발조건인 키 높이나 받침대 소유 여부에 따라 울타리 너머를 완벽하게 볼 수 있는 사람도, 부분적으로만 볼 수 있는

---

7) '장애인차별금지 및 권리구제 등에 관한 법률', '남녀고용평등과 일·가정 양립 지원에 관한 법률' 등은 적극적 조치가 차별에 해당하지 않는다고 명시하고 있다.

사람도, 심지어 아무것도 볼 수 없는 사람도 존재할 수 있는 것이다. 공정해야 할 게임의 운동장에 존재하는 기울어짐은 여러 가지 이유에서 비롯되겠지만 '경제적 불평등'이 가장 핵심적인 이유가 된다. 경제적으로 빈곤한 사람들(경제적 약자)은 아무리 기회를 동등하게 제공받고 성실하게 노력한다고 해도 출발조건의 차이 때문에 결과의 차이를 극복하기에는 역부족이다.

이와 관련하여 '인간다운 생활을 할 권리'(헌법 제34조 제1항)로도 표현되는 이른바 '사회권(사회적 기본권)'의 보장과 이를 구체화하는 국가의 '사회보장(복지)제도'의 구축이 필수적이다.[8] 경제적 약자의 권리가 법적으로 충분히 보장되고 이를 구체화하는 제도가 완벽하게 구축되어 운동장의 기울기가 상당 부분 조정된 사회가 공정한 사회라는 이름을 부여받을 수 있는 것이다. 더불어 한국 사회에서 흔히 '금수저' 또는 '흙수저'로 표현되는 부(富)의 대물림 혹은 빈곤의 대물림을 억제하는 것도 단순히 경제적 약자의 상대적 박탈감을 진정시키는 것을 넘어 기회의 평등을 지나 결과의 평등에까지 이르는 공정한 사회의 출발점이 될 것이다.

---

[8] 대한민국 헌법은 모든 국민에게 '인간다운 생활을 할 권리'를 보장하면서 국가에 대해서 '사회보장 및 사회복지의 증진에 관한 의무'를 부과하고 있다(헌법 제34조 제1항 및 제2항). 일반적 사회권으로 이해될 수 있는 인간다운 생활을 할 권리 이외에도 교육을 받을 권리(헌법 제31조 제1항), 근로의 권리(헌법 제32조 제1항), 주거에 관한 권리(헌법 제35조 제3항), 의료에 관한 권리(헌법 제36조 제3항) 등이 사회권으로 보장되고 있다.

5. 엘리트 혹은 집단지성

특별한 능력을 가진 엘리트와 평범한 능력을 가진 다수의 집단 가운데 누가 더 합리적인 결정을 내릴 수 있을까? 이 질문은 '엘리트와 집단지성 가운데 누가 결정을 내리는 것이 공정한 것인가'로 표현을 바꿀 수 있다. 한국 사회의 엘리트에 속하는 검사나 기자에게서 종종 볼 수 있듯이[9] 엘리트는 능력에서 특별하지만 종종 '로비'로 미화되는 부패에 오염될 가능성, 자신이 속한 이익 집단에 유리하게 편파적인 결정이나 판단을 내릴 가능성을 배제할 수 없다. 평범한 사람들의 집단지성은 다수의 지혜를 모아 엘리트보다 나은 결정을 내릴 수도 있지만 전문적 영역에서의 결정능력이 부족하고, 마찬가지로 이기적이며 선동에 휘둘리는 포퓰리즘에 노출될 가능성도 여전히 존재한다. 태어날 때부터 능력의 차이가 존재한다면 엘리트와 집단지성은 상호배제의 관계가 아니라 '상호공존의 관계'를 설정해야 한다. 아무리 법이나 의료의 영역에서 전문가라고 하더라도 경제나 과학기술과 같은 영역에서는 평범한 사람이 될 수 있는 것처럼 특정한 영역에서 엘리트로 분류될 수 있는 사람이 다른 특정한 영역에서는 평범한 다수의 집단에 소속될 가능성도 얼마든지 있기 때문이다.

---

[9] 수십 척의 선박과 슈퍼카를 소유했다고 자랑한 가짜 수산업자에게 뇌물을 받은 다수의 검사들과 기자들에 관한 언론보도가 최근에도 등장했다.

선천적인 행운이나 축복으로 타고난, 혹은 후천적인 노력으로 갈고닦아 획득한 '능력'이나 '자격'은 사람마다 다르다. 이러한 능력이나 자격의 차이를 무시하는 것은 공정하지 못하다. 공정의 한 내용으로 이해되는 평등도 '상대적 평등'으로 차이가 없는 동일한 대상은 동등하게 대우하고, 차이가 있는 상이한 대상은 차등적으로 대우하도록 요구한다. 바로 이러한 맥락에서 특별한 능력과 자격을 가지고 우월한 성과와 결과를 보여주는 사람이 더 좋은 대우를 받아야 한다는 '능력주의'는 일정 정도 피할 수 없다. 특별한 능력이나 자격이 요구되는 특정한 전문적 분야에서는 엘리트의 의견이 우선할 수밖에 없는 것이다. 하지만 한국사회에서 엘리트의 일탈은 쉽게 목격할 수 있다. 기소독점주의('검사만 기소할 수 있다')와 기소편의주의('기소 여부는 검사의 재량이다')를 무기로 검사가 편파수사 혹은 표적수사를 해서 피의자의 유죄를 덮고 불기소하거나 피의자의 무죄를 유죄로 만들어 기소할 수 있고, 언론의 자유의 보루인 기자가 치우진 진영논리에 빠져 객관적 사실보도를 내팽긴 채 특정 진영에 일방적으로 유리한 편파보도를 일삼거나 심지어 허위사실로 가득 찬 가짜뉴스까지도 생산해낼 수 있는 것이다. 엘리트가 전문적 지식에 근거하지 않은 채 부패에 오염되거나 자신이 속한 집단의 이해관계 때문에 편파적으로 판단하거나 결정할 수 있는 가능성이 언제든지 있으므로 엘리트에 대한 집단지성의 지속적인 비판과 견제가 허용되어야만 공정한 결정이 이루어질 수 있다. 원칙적으로 특별한 능력과 자격을 가진 엘리트가 자신의 전문적 영역에서 결정을 내리게 하되 평범한 능력과 자격을 가진 집단지성이 이러한 결정이 객관적이고 중립적으로 이루어졌는지를 늘 비판할 수 있는 제도적, 문화적 통로를 제공함으로써 엘리트와 집단지성의 협력이 이루어지는 사회가 공정한 사회라고 말할 수 있을 것이다.

근본적으로 개인이 가지고 있는 능력이나 자격이 사실은 태어날 때부터 '행운'으로 얻을 것일 수도 있고, 복이 많아 좋은 부모나 가정과 같은 '환경' 때문에 얻은 것일 수도 있다. 행운이나 환경 그 자체는 능력이나 자격과 관련이 없다. 만약 행운이나 환경으로 인하여 얻은 능력이나 자격이라면 굳이 그것에 대해서 특별한 평가 부여될 필요는 없다. 선착순에서 강조되는 노력이나 성실이 아니라 선착순의 반대지점에 놓인 추첨제처럼 행운이나 환경에서 나오는 능력이 자격은 우연에 지나지 않기 때문이다. 물론 엘리트의 능력이나 자격이 모두 우연으로 폄하될 수는 없다. 집단지성과 구분되는 엘리트의 전문적 능력이 자격에 대한 정당한 평가는 거기에 개입된 우연, 즉 행운이나 환경의 요소를 배제한 상태에서만 가능하다. 공정에 부합하는 능력주의는 능력에 대한 정당한 평가 시스템이 완비된 경우에만 인정될 수 있다. 특히 한국 사회에서 이해되는 능력주의처럼 단 한 번의 시험으로 결정되는 능력주의 또는 출신대학으로 대표되는 학력이나 학벌을 근거로 하는 능력주의는 진정한 의미의 능력주의라고 부를 수 없다.

6. 경쟁 혹은 배려

자본주의는 사유재산제를 바탕에 두고 계약의 자유와 직업의 자유를 기본으로 한다. 이러한 자본주의의 핵심적 가치인 시장경제질서는 '경쟁'을 기본원리로 삼는다. 경쟁은 열의와 창의성을 자극하여 다양한 아이디어와 지식을 만들어낸다. 이로 인해 사회가 발전하고 경제적 풍요가 이루어지기도 한다. 모두가 잘 사는 발전된 사회를 위하여 어느 정도의 경쟁은 불가피한 측면이 있다. 이러한 의미에서 경쟁은 공정한 사회의 필수적 조건으로 이해될 수도 있다. 자유로운 경쟁에 제3자가 개입하여 그것을 방해하는 것은 불공정한 것이 되는 것이다. 그렇다면 국가는 기본적으로 자유로운 경쟁이 이루어질 수 있도록 시장의 법칙이 지배하게 하되 예외적으로 시장에서 경쟁이 과열되거나 독점이나 과점으로 경쟁의 룰이 깨뜨려져 불공정한 경쟁이 이루어질 때 비로소 간섭하는 것으로 충분하다.[10]

---

10) 현행 헌법은 경제질서와 관련하여 "경제상의 자유와 창의를 존중함을 기본"으로

경쟁은 정해진 '규칙'에 따라 진행되어야 공정한 경쟁이 되는데 가장 중요한 규칙은 오로지 능력이나 자격으로 불렀던 '실력'에 따라서만 순위가 결정되어야 한다는 규칙이다. 정해진 규칙을 위반하거나 선천적 능력과 후천적 노력의 결합으로 볼 수 있는 실력 외의 요소들이 개입되는 순간 그 경쟁은 불공한 것으로 변한다. 입시비리나 채용비리 또는 인사비리에서 흔히 볼 수 있듯이 참가자의 실력 외에 부정한 청탁이나 특혜 또는 인맥이 작동하는 순간 불공정한 경쟁이 시작된다. 공정한 경쟁은 그나마 사회적 신분을 이동시킬 수 있는 사다리인데 불공정한 경쟁은 그러한 사다리를 망가뜨리거나 걷어차는 것과 같다. 불가피하게 경쟁을 인정하는 한 그 경쟁은 규칙과 실력에 따라 진행되는 공정한 경쟁이어야 한다.

 치열한 경쟁의 과정에서는 오로지 능력이 있고 노력하는 사람만이 살아남을 수 있다. 하지만 경쟁에서 뒤처진 사람에 대한 '배려'는 모든 사람이 인간답게 살 수 있는 '인간다운 공동체'를 위하여 필수적이다. 이를 위해서도 시장에 대한 '국가의 개입'은 불가피하다. 다만 이러한 국가의 개입은 국가가 언제나 중립적

하는 시장경제질서를 원칙으로 규정하면서(헌법 제119조 제1항) 예외적으로 국가의 "경제에 대한 규제와 조정"을 허용하는(헌법 제119조 제2항) '사회적 시장경제질서'를 표방하고 있다. 국가가 경제에 대한 규제와 조정을 통해 개입할 수 있는 경우로는 ① 균형 있는 국민경제의 성장 및 안정, ② 적정한 소득의 분배, ③ 시장의 지배와 경제력의 남용 방지, ④ 경제주체간의 조화를 통한 경제의 민주화가 열거되어 있다.

일 수 있다는 사실을 전제로 한다. 국가의 중립성을 보장하기 위하여 객관적 기준으로 인식되는 '법'을 만들기도 하지만 그 법을 집행하고 적용하는 사람들은 여전히 '공무원(공직자)'이라는 '사람'이고 그들의 주관이 개입될 수밖에 없어서 완전한 중립성과 객관성을 확보하기에는 역부족이다. 공무원은 로비라는 이름의 이권개입에 취약하고, 심지어 한국 사회에서 여러 검찰, 경찰, 세무 공무원의 비리사건을 통해 확인할 수 있듯이 뇌물의 유혹에서 자유롭지 못한 채 금품과 향응, 성접대를 거리낌 없이 누리는 '부패'의 늪에 빠지기도 하는 것이 현실이다. 특히 '연고주의'가 강한 한국 사회에서 지연(고향), 학연(학교), 사회적 인연(직장, 군대 등)에 따라 공무원의 결정이 왜곡되기 일쑤다. 시장에 대한 국가의 개입이 불가피한 현실에서 결국 국가기관의 구성원으로서 국가권력(권한)을 실제로 행사하는 공무원의 부패를 막고 연고주의의 거미줄을 끊어내어 공무원의 정치적 중립성을 확보할 수 있는 제도가 마련되어야만 공정한 사회가 실현될 수 있다.

7. 일관성 있는 규칙의 적용이 공정이다

특정한 사회에는 구성원의 생각과 행동을 지도하는 다양한 규칙(원칙/규범)들이 존재한다. 공정은 이러한 규칙들의 집행과 적용을 지배하는 원리로 작동해야 한다. 규칙의 공정한 집행과 적용은 기본적으로 미리 합의를 통해 정해진 경우를 제외하고 어떠한 예외도 인정하지 않는 '예외의 불인정'이다. 규칙에 예정되지 않은 예외를 수시로 인정하는 것은 새치기와 반칙을 사실상 허용하는 것으로 불공정의 전형이다. 결국 '반칙 없는 사회', 그리고 반칙한 사람에게는 반드시 적절한 제재가 가해지는 사회가 공정한 사회라고 부를 수 있다. 더욱이 누구에게나 동일한 규칙을 집행하고 적용하는 '일관성'도 공정의 척도가 된다. 악한 잣대를 적용하는 것보다 더 악한 것은 다른 잣대를 적용하는 것이다. 대상에 따라 다른 잣대를 적용하는 것, 특히 자신이 속한 진영의 논리에 따라 사안마다 다른 잣대를 적용하는 것이야말로 가장 불공정한 것이다. 특히 법원, 검찰과 같은 사법기관의 편파적인 재판이나 수사, 방송사, 신문사와 같은 언론기관의 편파적인 보도가 여전히 존재하는 현실에서 '편파적인 기준을 적용하지 않는 사회', 편파적인 시각으로 사람과 세상을 평가하지 않는 사회가 공정한 사회로 나아가는 첫걸음인 것이다.

군이 '법치주의'라는 거창한 이름을 인용하지 않더라도 사회의 다양한 규칙들 가운데 법규범은 강제력(관철능력) 때문에 특별한 의미를 갖는다. 사회가 합의하고 이를 반영하여 대표(Representative)가 결정한 다양한 형태의 법규범이 존재한다. 당연히 가장 중요한 것은 법규범의 내용 자체가 공정해야만 한다는 점이다. 그리고 일단 공정하다고 추정된 법규범은 애초에 적용받기로 예정된 모든 사람에게 동등하게 집행되고 적용되어야 하는 것도 중요하다. 물론 차이가 있는 개인이나 집단에 대해서는 다른 법규범이 적용되어야 하겠지만 기본적으로 차이가 없다고 인정되는 개인이나 집단마다 다른 법규범이 적용되어서도 안 된다. 한국사회의 불공정은 원래 적용받기로 예정된 모든 사람들에게 법규범이 동일하게 집행되거나 적용되지 않는 것, 차이가 없는데도 사람마다 집단마다 다른 법규범이 집행되거나 적용되는 것에서 비롯된다. '차별 없이 법이 집행되고 적용되는 사회'가 공정한 사회이고, 이러한 법의 집행과 적용 과정에서 '부패나 연고주의로 오염되지 않는 결정이 지배하는 사회'가 공정한 사회라고 할 것이다.

공정담론, 능력주의와 2030청년

/ 김동춘
성공회대 사회학과 교수, 민주주의연구소 소장

1. '공정' 담론과 2030 청년

우리 사회에서 굉장히 뜨거운 화두가 된 〈공정〉담론은 주로 2030청년들이 강하게 호응을 하고 있고, 제 20대 대통령 선거에서도 어떤 세력과 후보가 2030청년들을 잡느냐에 따라 승패가 갈라질 것이라는 분석과 전망이 있다. 지금의 공정 담론은 사실상 능력주의에 기초하고 있는데, 그것이 두드러진 사례로는 30대 청년인 '국민의힘' 이준석이 당 대표가 된 것과, 경륜과 경험을 앞세우는 '연공서열'을 비판하는 그의 발언이라고 할 수 있다.

"이런 세상에서 실력이 아닌 경험과 경륜을 말한다는 게 우스운 일이죠. 경험과 경륜을 들먹이는 많이 들먹이는 정치인은 실력에 자신이 없는 사람들... 연공서열을 통해 기득권을 유지하려는 정치인인 경우가 많아요"

이러한 소위 '이준석 현상'에 대해 교육 평론가 이범은 "이준석씨가 '정치인 자격시험'을 도입하겠다고 한 것도 '연륜'을 무기로 삼는 기성 정치인들에 대한 도발이다. 그의 능력주의에는 한국의 연령 서열 문화를 깨는 통쾌함이 있다. 능력에 따른 보상이라는 시스템이 젊은 세대들에게는 합리적이고 공정하다"고 밝히기도 했다.

그렇지만 한국 사회에서의 공정 담론은 2030 청년 중에서도 경제적으로 상위층에 속하거나 명문대학에 다니는 학생들의 담론이라고 볼 수 있다. 이준석도 우리나라 과학고등학교와 미국 하버드대학 출신인데, "열심히 공부한 자가 이기는 게임, 그것이 공정이다."라고 주장을 하고 있다. 그리고 문재인정부 초기에 인천국제공항이나 서울교통공사에서 정규직 청년들이 비정규직의 정규직화에 대해서 반대했던 것, 고려대학교 서울 본교생들이 총학생회 임원으로 인준 된 분교생에 대해 비난하고 조롱했던 것, 그리고 젊은 의사들이 공공의대 설립에 대해서 격렬하게 반대했던 것 등의 사례를 볼 때 여기에서 나타난 청년들의 기본적인 정서나 논리가 기본적으로 동일하다. 표면적으로는 공정을 근거로 자신들의 주장을 이야기하고 있지만 사실은 "내 밥그릇을 나누고 싶지 않다."라고 하는 생각이 내재되어 있는 것이라고 본다. 각종 여론이나 설문조사에서 나타난 2030 세대는 사실 굉장히 보수적인 태도를 취하고 있다. 예를 들면 "공익을 위해 개인 재산권을 제한해도 좋은가."라는 질문에 "개인 재산권을 제한할 수 있다."는 응답이 20대 34%, 30대 36%, 40대 39%, 50대 46%, 60대 이상 45%로 나타났다. 젊을수록 '공익'보다 '개인 권리'를 우선하고 있음을 볼 수 있다. 이념 성향으로 보면, 진보 성향 응답자의 51%가 "개인 재산권을 제한할 수 있다."고 답한 반면 보수 성향 응답자 중엔 40%만 같은 대답을 했다. 오랫동안 진보의 중요한 가치로 여겼던 공동체주의는 젊은 세대에게선 약화되는 경향이 뚜렷한 것이다. 또한 "능력과 실력에 따른 차이나 차별은 당연한 것이다."라는 견해도 기성세대보다 훨씬 강하게 나타나고 있다.

사회학자로서 2030청년을 어떻게 볼 것인가에 대해 여러 생각을 해보게 되었다. 일종의 문화 세대로서 청년들 사이에는 분명히 동질감이 있다. 그러나 경제적으로 또는 계급적으로는 하나의 세대라고 말하기 어려운 차이를 보이는 점도 있기 때문에 2030 세대가 모두 같은 담론을 공유하고 있다고 말하는 것은 적절치 않다고 생각한다.

2. 2030 세대는 어떻게 만들어졌나?

청년 세대의 이러한 현상이 어디서부터 왔는가를 추적해보자. 약 20년 전쯤 청년들을 '잉여', '루저(Loser)'라고 일컫는 현상이 시작되었고, 기성세대 특히 586세대가 20대를 향해 '단군 이래로 가장 무식한 세대다.'라고 비난하고 공격하기도 했는데, 이 현상이 이후 '3포, 5포 세대'라는 개념의 등장으로 이어졌다. 최근에는 일본에서 수입 된 '소확행(소소하지만 확실한 행복)', 즉 작은 일에 만족하고 거대담론이나 거시적이고 장기적인 관점에는 관심을 두지 않는 모습들이 나타났으며, 중국에서도 '탕핑족(躺平族)'이라고 하여 경제활동에 참여하지 않고 희망 없이 무기력하게 누워 아무것도 하지 않는 문제가 나타났다. 청년 문제는 한국뿐 만 아니라 동아시아의 3국에서 거의 동일하게 나타나고 있는 현상이다. 이 동아시아 3국에서는 어떤 공통점이 있는가? 과도한 노동과 경쟁의 압박, 지속되는 청년 실업문제가 비슷하게 나타나고 있고, 따라서 가난을 벗어나지 못할 것이라는 부정적 전망과 기성세대와의 갈등이 심각해졌다. 일본에서도 단카이 세대(団塊世代), 우리나라로 말하면 586세대라고 부를 수 있는 사회적 성장을 이끌고 수혜자이기도 한 세대와 그 아래 세대들 간의 경제적, 정서적 격차가 굉장히 커지고 있다.

이러한 특징을 가진 청년세대가 만들어진 과정에는 몇 가지 중요한 배경이 있다. 그 첫 번째는 산업 구조의 변화이다. 90년대 초 우리나라의 전체 고용 구조는 제조업에서 서비스업으로의 전환이 일어났다. IT산업이나 서비스산업이 커지면서 산업 특성상 평생 고용을 보장할 수 없는 불안정한 체제로 전체적인 고용 흡수력이 줄게 되었다. 두 번째 현상은 플랫폼 경제, 플랫폼 노동의 등장이다. 여기에서는 누가 나의 직접 고용자인지 알 수 없는 개인화된 노동을 하게 되고, 노사관계가 가시화되지 않는 노동 구조에서 전통적인 노사관계와 노동 안정성이 굉장히 흔들리게 되었다. 세 번째 현상은 한국의 전통적인 친족 질서가 해체되면서 핵가족화가 진척된 것이다. 가족 연대가 무너지면서 급속한 개인주의화가 일어났다. 네 번째 현상은 90년대 이후 여성의 대학 진학률과 사회 진출이 획기적으로 높아졌고, 여성들의 활동과 권리가 확대되는 것에 두려움을 느낀 청년 남성들이 '일베 현상'을 만들었다. 다섯 번째 현상은 민주화 운동 세력이 집권을 하게 된 것이다. 김대중, 노무현, 그리고 문재인정부까지 오며 과거 민주화 세력이 이제는 피해를 입은 집단이 아니라 일종의 기득권이 되었다. 이 현상 또한 '일베'를 나타나게 한 배경이 된다. 여섯 번째로 우리 사회가 고학력화 되고 고학력자의 대량 실업이 발생하면서 이러한 미취업이 '잉여 현상'으로 나타나게 된 현상이 있고, 일곱 번째는 외환위기와 금융위기 그리고 박근혜시대를 거치며 우리 사회에서 신자유주의적 경제 질서가

정착되고, 이로 인해 '인적 자본', 즉 인간이 일종의 자본의 하나로 취급이 되고 본인도 스스로를 상품으로 생각하며 경쟁력을 높이려고 하는 문화적인 태도를 갖게 된 것이다. 마지막으로는 인터넷 커뮤니티와 SNS 문화가 확산되면서 일본에서 나타났던 '넷 우익' 현상이 한국 사회에도 나타나게 되었다.

따라서 2030현상은 하늘에서 떨어진 것이 아니라 이상에서 열거한 사회적 전환과 위기로 인한 것이며, 2030세대의 모습은 사실상 기성의 부모 세대들이 만든 것이라고 할 수 있다. 우리나라 5060세대의 특징은 기본적으로 '먹고사니즘'의 철학을 가진 것이다. 5060세대 중 민주화 운동에 직접 참가하거나 관련된 사람은 전체 수의 10%가 되지 않는다. 1980년대 초 이전까지 우리 사회에서 4년제 대학 졸업자는 전체 인구의 약 20%이고, 80%는 4년제 대학을 나오지 않은 사람들이다. 따라서 이 80%의 사람들은 '먹고사니즘' 즉, 가계와 생계를 위한 성장주의나 물질주의적인 태도, 계층 상승의 신화를 가지고 있었고 그것이 자녀들, 즉 지금의 2030세대에게 투영되고 그대로 연결이 된 것이라고 볼 수 있다.

2030을 5060과 대립시키는 일부 언론들이 있는데 이것은 굉장히 기만적인 것이다. 왜냐하면 세대 간에 싸움을 붙여 갈등이 일어나게 해서 결국 정치적 이득을 보는 사람들이 있기 때문이다. 앞서 80%의 5060 이 4년제 대학을 나오지 않았거나 민주화운동에 참여하지 않았다고 했듯이, 5060의 모두가 기득권은 아니다. 586 이 정치세대이고 기득권의 일부인 것은 맞지만 그 세대 모두가 기득권자인 것은 아니라는 것이다. 7080도 마찬가지이다. 우리나라 노인 빈곤율과 노인 자살률이 세계에서 가장 높은 것을 보면 기성세대 중에도 어려움에 처한 이들이 많다는 것을 알 수 있다. 한국 사회의 여러 현상들을 세대의 문제로 보고 해석하려고 하는 것이 문제이다.

3. 잘나가는 2030 공정 담론의 문제점

정치권과 언론에서 잘 나가는 2030 공정 담론은 어떤 문제점을 가지고 있는가?

첫 번째는 운의 문제이다. 운칠기삼(運七技三)이라는 말도 있듯이 우리의 삶에서 운의 요소를 배제하는 것은 거의 불가능하다. 70%는 운이고 30%가 개인의 능력과 노력이라는 것인데, 운이 7할을 좌우한다는 것이 정말 맞을지도 모른다. 예를 들어 우리가 어디에서 언제 태어나는가가 사실은 우리의 운명을 결정한다. 세계적으로 유명한 음악인 정씨 트리오(정명훈, 정경화 정명화)의 성공은, 이들이 1940~1950년대에 태어났기 때문이고, 어머

니의 덕으로 재능을 전 세계에 발휘할 수 있었기 때문이다. 만약 그보다 30년 전에 태어났더라면 이 사람들의 재능과 노력은 묻혀 졌을지도 모른다. 지금 우리 사회에서 최고 연봉을 받고 명예를 얻고 있는 의사도 마찬가지이다. 조선시대에 의사는 중인이었다. 이러한 예시와 같이 우리나라에서도 어떤 시대에 태어났는가가 중요한 부분이라는 것이다.

이준석 당대표가 "산업화 민주화 이후의 지금의 시대정신은 '실력', '실력주의'이다."라고 이야기했다. 실력과 능력주의를 공정이라고 말하는 이들에게 그 '실력'은 대게 시험 성적, 그러니까 '어느 대학을 나왔는가.' 하는 것이다. 그러나 많은 철학자들이 이야기하듯 '지능과 재능'이라는 것도 사실은 공공재적 성격을 가지고 있다. 어떤 사람이 우수한 지능과 재능을 가진 것은 그렇게 타고 난 행운이라는 것과 부모가 가진 문화자본 등 환경의 영향이 더해진 덕이다. 본인이 노력해서 시험을 잘 본 것도 있지만, 부모나 환경을 잘 만난 운도 있기 때문에 그 실력과 결과가 오직 그 사람의 것만은 아니라는 것이다.

"노력한 만큼은 충분히 보상을 받아야 한다." 는 것은 맞는 말이다. 그러나 노력할 수 있는 것도 어느 정도는 환경의 산물이다. 부모의 경제력과 계층, 학력과 가정의 문화자본 등에 따라 아이들의 꿈이 달라지고, 꿈이 달라지면 노력의 의지가 달라진다. 시험 성적이 분명히 노력과 능력을 평가하고 보여주는 중요한 지표이기는 하지만 인간이 가진 여러 가지 능력과 잠재력의 한 면만을 보여주는 것이기 때문에 한 두 번의 시험으로 지위와 보상이 결정되어서는 안 된다. 대한민국은 지독한 시험 능력주의 사회이다. 많은 사람들이 자기 실력만큼 또는 실력보다 더 많은 보상을 받아야 한다고 생각하면서 직장이나 사회에 굉장히 많은 불평을 하고 화가 나 있는데, 그 보상이라고 하는 것도 매우 상대적인 것이다. 외환위기 이전에 우리나라 CEO들은 평사원의 10배 혹은 그 이하의 연봉을 받았는데 지금은 30배, 300배까지도 받고 있다. 스위스에서는 CEO의 연봉이 평직원의 20배가 넘는 것에 대해 국민투표를 붙였다. "CEO와 노동자들 사이의 임금격차가 과연 능력의 격차와 비례하는가." 했을 때 그렇지 않다는 것이다. 또한 대기업 노동자들이 연봉 8천, 1억 받고 중소기업 노동자보다 많이 받는 것이 자신의 실력 때문이라고 생각하기 쉽지만, 그것은 우리나라의 재벌 기업과 중소기업 간의 하청 구조의 결과인 측면이 크기 때문에 들여다보고 생각해봐야할 지점들이 존재한다.

이러한 현실적인 문제들을 비추어 볼 때, 결론적으로 '운'의 요소와 '실력'의 요소가 얼마나 상대적인가, 그리고 과연 '시험 성적'에 의해서 평가되고 결정되는 것이 과연 '공정'한가 라는 것에 대해서는 많은 학자들과 현장으로부터 상당히 많은 비판이 존재하고, 지금 우리 사회의 공정담론은 정당하거나 합리적이지 않은 일종의 '이데올로기'에 불과하다.

4. Populism(포퓰리즘) 정치와 계급

1) 중도좌파, 혹은 개혁자유주의의 배신

그렇다면 이런 현상이 정치적으로는 어떻게 표현될까. 능력주의 또는 기회의 공정, 기회의 평등이 한 사회에서 중요하게 고려되어야 하는 가치라고 하는 논리는 한국에서만이 아니라 전 세계적으로 나타나는 현상이다. 특히 미국이 이러한 현상이 나타나는 대표적인 국가인데, 이른바 '우익 포퓰리즘'이라고 일컬어지는 현상이 그것이다. 우익 포퓰리즘 현상은 트럼프의 대통령 당선으로 드러났다. 트럼프 이전에 오바마, 클린턴은 중도파, 개혁 자유주의라고 볼 수도 있는데 이들이 겉으로는 매우 개혁적이고 진보적인 정책을 내걸었지만 실제로 펼친 정책은 대부분 능력주의나 시장주의에 기초한 정책이었다. 이들 중도파, 중도좌파들이 집권 이후에 가져온 사회적 불평등으로 인해 많은 백인 노동자들, 그리고 청년들이 좌절을 하게 된 것이다. "중도파가 어쩌면 보수파보다도 오히려 더 기만적이다.", "겉으로는 불평등 완화나 사회 개혁을 이야기를 하면서 자신들은 이익을 다 챙겼다."라고 판단한 많은 사람들이 중도파, 개혁 자유주의 진영으로부터 돌아섰다. 이로 인해 트럼프와 같은 우익 포퓰리즘 진영이 득세를 하게 되었고 사회적 상승에 대한 신화, 소위 말해서 사다리론에 대한 환멸감 또한 작용하게 되었다. 이것은 정체성의 정치라고 할 수 있는 페미니즘과 우리나라로 말하면 일베 현상 중 하나인 반 페미니즘의 현상으로 나타나게 되었고, 미국의 백인 노동자들과 청년들은 우리나라 2030청년들이 스스로를 희생자라고 생각하는 것과 비슷한 입장에 서게 되며 포퓰리즘 현상이 나타났다고 할 수 있다.

미국과 대한민국, 그리고 일본까지도, 이러한 우익 포퓰리즘이 등장하게 된 현상은 기본적으로 신자유주의적 고용 불안의 산물이다. 신자유주의 고용 불안 상태에서 자신의 기득권, 지킬 것이 무언가 있는 사람들이 공정에 대해 더 고집하고 있는 것이다. 예를 들어 미국 제조업에 종사하는 백인 남성 노동자들의 흑인에 대한 인종차별주의, 일본에서 재일 조선인의 특혜를 폐지하는 모임 등이 그런 것이다. 재일 조선인이 60만 명밖에 되지 않음에도 이 60만 명 때문에 자신들이 손해를 봤다라고 생각하는 일본의 넷 우익들, 한국에서는 여성들 때문에 피해를 봤다고 하는 2030 남성 청년들, 5.18 광주 희생자들이나 민주화 세력이 과도하게 특권화 되었다고 하는 식의 담론이 만들어졌다. 소수자에 대한 우대로 인해 자신이 희생되었다고 하는 이러한 논리는 이들이 처한 불안한 현실에 기인한다.

2) 엘리트주의, 능력주의에 대한 개인주의적 반발

청년들이 견지하는 능력주의와 차별주의는 기본적으로 고용불안과 지위불안을 심각하게 느끼는 상태에서 본능적으로 자신의 밥그릇을 지키려고 하는 태도라고 할 수 있다. 또한 한국의 능력주의는 학력주의의 결과이기도 하다. 학력 시험을 통해 당락을 결정하는 것이 가장 합리적인 방법인데 왜 시험이 아닌 학생부종합전형 등의 수시를 통해 대학에 합격하는 사람들이 발생하느냐고 주장하는 사람들은 대부분 스카이(SKY)대학 학생들이다. 그렇지 않은 학생들은 이렇게 주장하지 않는다. 자신들은 시험을 통해 가장 공정하게 들어왔는데 지역 균형 선발이나 사회적 배려 대상자 선발 등의 방식은 받아들이지 못하겠다는 것이다. 이 또한 일종의 기득권을 가지고 있는 사람들이 그것을 지키기 위한 보수성의 표현이 공정 담론으로 나타난 것이라고 할 수 있다.

그런데 한편 이들은 우리 사회의 구조적인 불평등에 대해서는 문제 삼지 않는다. 예를 들면 "부모를 잘 만난 것도 능력이야."라던 어떤 인물의 말처럼 경제적인 불평등, 구조적인 불평등은 문제 삼지 않고 자기들과 같은 기준을 적용하지 않았던, 즉 시험을 거치지 않은 사람에 대해서는 격렬하게 반발하는 현상들이 발생하는 것이다.

3) 불평등과 계급

자본가나 전문직이 아니면 언제든 해고될 수 있고, 해고되면 자기 자본이 없는 한 생의 안전 보장은 없다. 자영업자가 되어서 생계를 유지해야 한다. 한국의 노인 취업률과 빈곤율, 노인 자살률은 OECD국가에서 가장 높다. 지금 50,60세대는 70세 이상까지 일을 해야 한다. 50,60의 90%는 그런 노인의 대열로 들어간다. 자본가가 되는 것은 '넘을 수 없는 벽'이므로 중산층은 모두 자녀를 전문직으로 만드는 꿈을 꾼다. 그런데 전문직의 비율은 다 합쳐도 경제활동 인구의 2%를 넘지 않는다. 규모가 더 커질 수도 없다. 그래서 막대한 교육 투자는 사실상 국가적으로는 낭비되는 것이고, 가정 경제를 위기로 몰아 넣는다. 하층, 중간층 자녀들의 '잉여'화는 무리한 교육 투자의 결과라는 것이다. 목숨을 감수해야만 할 위험노동을 거부할 수 없는 것이 공정인가? 그러한 일을 해야 하는 사람은 능력이 없어서 그런 것인가? 노동자는 자신의 처지를 선택할 자유가 없다. 자본주의 사회에서는 돈이 자유를 보장하는 듯 보이는데 그 돈은 대체로 남의 자유를 침해할 가능성이 높은 자유다. 자본가가 아니라면 부를 세습해서 자녀의 미래까지 보장해주기가 어렵다. 좋은 교육 기회와 부동산 등을 자녀에게 물려줄 수 있는 사람은 한국의 상위 2% 정도에 불과하다. 노동 세계의 위계와 차별을 만드는 것은 노동 착취를 위한 자본의 고유한 전략인데, 청년, 여성, 이주민,

비정규직이 실업률이 높거나 불안정 노동 영역에서 일하는 것이 이들 집단의 인적 속성 때문인 것처럼 만든다. 한국의 중대재해 사망률은 세계 2위이다. 매년 일터에서 2,000여명이 사망하고 있다. 이들 도급, 하청기업 비정규직 노동자는 노동자가 아닌가? 직장이 다르면 같은 노동자가 아닌가?

결론적으로 우리 사회의 여러 가지 문제는 구조적으로 불평등의 문제에서 결국은 나오는 것이라고 할 수 있다. 불평등의 문제 중에서도 심각한 소득 격차와 자본가와 노동자의 격차 문제가 우리 사회에서 매우 심각한데 이러한 문제에 대해서는 눈을 돌리지 않고 있다는 것이 지금의 공정 담론이 가진 한계이다.

5. 공정 담론을 넘어서

이렇듯 비뚤어진, 일방적인 '공정 담론'을 넘어서기 위한 우리 사회의 시대적인 가치나 대선 국면에서의 시대정신은 무엇이어야 할까. 공정은 영어로는 Fair 또는 Just 두 차원을 지칭한다고 볼 수 있는데, 불평과 부당을 해소할 완벽한 공정이라는 것은 논란의 여지가 크고 실현하기도 매우 어렵다고 본다. 그쪽으로 가까이 갈 수는 있겠지만 게임의 룰을 완전히 Fair하게 만들고 결과도 어느 정도 Just하게 만들려면 모든 사람의 능력과 업적에 대한 평가가 전제가 돼야 하는데 그것은 사실상 매우 어렵다. 단지 '공정'이 '기회의 평등'만을 의미하는 것처럼 과도하게 이 개념에 집착하는 것은 우리가 경계하고 넘어서야 할 필요가 있다.

무엇보다 우리 사회에서 이 '정글 자본주의'를 어떻게 넘어설 것인가에 대한 활발한 논의가 필요하다. 이에 대하여 개혁자유주의적 담론이나 사회민주주의적인 이른바 사회권론, 또는 존 러스킨(1819~1900)이 말한 기독교 사회주의 19세기적 사회주의 등의 담론이 제시된 바 있다. 한국의 사상에서는 조소앙 선생의 '삼균주의(三均主義)'를 주목할 필요가 있다. 여기에서 균(均)은 서양에서 말하는 평등과는 다르다. 정치적·경제적·교육적 균등을 실현하자는 것인데, 말하자면 "어떤 사람은 그 자리에 맞게 균등하게 하자."라는 것이다. 이 사상에는 "남성과 여성이 각각 자기 몫이 있다."라고 하는 보수성도 있기는 하지만, 우리가 균(均)의 사상의 배경을 조금 더 받아들여서 세상을 완전히 평등하게 만들지는 못해도 어느 정도 페어(Fair)하고 저스트(Just)하게 하는 평등주의를 만들 필요가 있다고 본다.

그리고 중요한 것은 노동의 가치에 대한 존중이 필요하다는 것이다. 우리 사회가 이제 일확천금을 바라거나 일부 영역에서 가능한 사회가 되었고, 최근에도 성남의 대장동 개발 문제에서 보아도 노동 가치가 완전히 실종돼 버렸다. 젊은이들도 '영끌'

현상이나, FIRE족(族)이라고 해서 30대에 열심히 일하고 돈을 모아서 40대 초에 은퇴를 하겠다는 움직임이 일어나고 있고, 뿐만 아니라 주식 투자에 골몰하게 되면서 회사에 대한 충성도나 일할 의욕이 낮아지고 있는 모습도 보이고, 조금이라도 조금 높은 보상을 주면 언제든지 다른 회사로 이동할 준비가 돼 있는 이런 사회가 되어 버렸다. 그래서 이제는 우리 사회가 노동의 가치를 어떻게 인정하고 보장할 것인가 하는 것이 중요한 문제가 되었다.

상속세의 문제도 마찬가지이다. 자신의 노력으로 얻지 않은, 기여도가 없는 재산에 대해서는 기부나 조세로 흡수를 하는 등, 상속세는 더 강화돼야 한다. 또 부동산 개발을 통해 수백억, 수천억이 발생하게 된다면 국가로 환수하는 것이 맞다고 본다. 단순히 부정부패나 누구에게 이윤이 많이 떨어졌는가를 보는 것이 아니라, "어떻게 이런 일이 가능했는가."라고 질문할 수 있어야 하고, 한쪽에서 부동산으로 몇 천억의 돈이 생기면 다른 한 쪽에서는 집 없는 사람들이 더 살기 어려워지게 된다는 정의의 관점으로 생각을 해야 한다.

마지막으로, 앞서 이준일 교수께서도 언급하신 전문인들 특히 법조인, 의료인, 교수 등의 윤리적인 타락 문제도 극복해야 할 중요한 문제라는 것에 동의한다.

이렇듯 우리 사회에서 바로 세워야할 여러 지점들에 대해 대선 국면에서 다양한 담론들이 나오는 것은 좋은 일이다. 대통령 선거가 후보자의 인기투표가 되거나, 대통령 당선자에게 모든 것이 위임되는 방식으로 가는 것은 바람직한 현상이 아니다. 시민사회 영역에서 정책담론이 일어날 수 있도록 분위기와 자리를 형성하는 것이 중요하다. 오늘 포럼의 주제도 마찬가지로, 기회의 평등이나 시험 능력주의를 말하는 공정 담론이 아닌, 그것을 넘어서는 새로운 질적인 변화가 필요할 것이다.

2부

사회 통합

"사회통합, 공공선과 신뢰의 회복" / 이재열

쿠오바디스 대한민국

사회통합 : 공공선과 신뢰의 회복[11]

/ 이재열
서울대 사회학과 교수
서울대 아시아연구소 한국사회과학자료원 원장

1. 위기의 증상들

대통령 선거 국면에도 불구하고, 대한민국의 미래에 대한 청사진을 보여주는 유력 후보가 보이지 않는다. 선거가 통합의 계기라기보다는 오히려 뿌리 깊은 갈등을 확인하는 기회가 되고 있다. 우리에게 가장 큰 문제는 구조적이고도 고질적인 문제들이 넘쳐나는 반면에, 정치적 반응은 이에 무관심하거나, 혹은 매우 단기적인 관심만을 보인다는 점이다.

---

[11] 이 글은 필자의 졸고 "한국사회, 지속가능한가" <노사공포럼> 49호(2019)와 "지속가능한 한국을 위하여 <행정포커스 144호>(2020)를 종합하여 기윤실 포럼 발표용으로 다듬은 내용입니다.

구조적인 문제는 한국의 지속가능성이다. 한국이 과연 지속가능할지 살펴야 하는 증상은 크게 보면 다섯 가지다. 즉, 재생산의 위기, 가족과 공동체의 해체, 풍요의 역설, 심각한 신뢰 적자, 그리고 계속 하락하는 국가경쟁력이다.

첫째, 지속가능성을 위협하는 가장 심각한 문제는 매년 사상 최저치를 경신하고 있는 출산율이다. 1970년만 해도 100만 명을 훌쩍 넘겼던 연간 출생률은 2002년에 처음 40만 명대로 진입했고, 2017년에는 40만 명 아래로 떨어졌다. 인구'보너스'로 인해 성장의 덕을 보던 나라가 인구'오너스'로 인해 고통 받을 수밖에 없다. 정부가 저출산의 심각성을 인지하고 2006년 이후 쏟아 부은 저출산 대책 예산은 총 152조 원을 넘어서지만, 한해 30조 원을 넘는 많은 예산 투입에도 불구하고 브레이크가 걸리지 않는 저출산의 물결은 한국사회의 지속가능성을 담보하는 데 심각한 문제가 있다는 것을 보여준다.

둘째, 가족과 공동체의 해체다. 전통적으로 생각했던 가족은 이제 없다. 사회적 지원과 복지의 중요한 축이 된 가족과 공동체는 무너졌는데, 국가재정을 통한 복지는 아직 초보단계다. 그 빈틈이 사회적 위험에서 국민을 보호하지 못하는 함정이 되고 있다. 가족에 관한 조사결과를 보면 배우자, 자녀, 부모 등으로 주관적인 가족의 범위가 축소되고 있으며, 조부모를 가족으로 생각하지 않는 경향이 강해지고 있다. 인구학자들은 2035년이 되면 1인 가구는 760만 가구로 3가구 중 한 가구는 1인 가구가 될 것이라 예견하고 있다. 사회적 고립 상태에 있는 사람의 비율이 원래 개인주의적이라고 생각했던 서양 국가들보다도 우리가 훨씬 높다. 전체 인구의 절반 이상이 집합주택에 살아서 전 세계에서 가장 집단화된 주거 형식을 갖지만, 또한 가장 익명화되고 개인화된 공동체에 사는 것이 우리나라 국민이다.

셋째, 풍요의 역설이다. 한국의 GDP는 계속 성장했지만, 국민의 행복감은 계속 떨어졌다. 소득은 계속 높아지고 있는데 행복감은 계속 떨어진다는 점에서 심각한 딜레마이다(Easterlin, 1974). 경제성장에도 불구하고 국민은 오히려 더 불행해졌다고 느낀다면, 경제성장을 위해 노력해 온 정부 정책의 효과에 대해 의문을 가질 수밖에 없다. 우리나라에서는 1980년대까지만 해도 1인당 국민소득이 2,000~3,000불에 불과했지만, 경제성장은 밀물효과를 가져왔다. 낮은 소득 수준에서는 물질적 생활수준의 향상이 가져다주는 행복감의 증대가 분명하게 존재했다. 한국의 70~80년대를 돌이켜보면 정치적으로는 매우 억압적이었지만 경제적으로는 희망차게 생활했다. 돌이켜보면 이 시기에 중산층 의식도 가장 높았다. 비록 현재의 소득 수준은 높지 않았지만,

미래에는 더 나아질 것이라고 하는 희망적인 낙관이 자신을 중산층의 일원이라고 느끼게 하는 자신감의 원천이 된 것이다. 그리고 자신감을 얻은 중산층들은 정치적 민주화의 주역이 되었다. 그러나 현재 한국은 OECD 국가 중 최장 시간 노동하는 '피로 사회'다. 그런데 장시간 노동에도 불구하고 투입 대비 성과는 형편없다. 비효율적으로 장시간 노동하는 것이 문제의 핵심이다. 생산성은 미국의 절반에 불과하다. 장시간 노동은 생산적 여가를 방해한다. 그런데 자살률은 OECD 국가 중 최고 수준이다.

네 번째는 신뢰의 위기다. 민주화는 분명히 중요한 성취임에도 불구하고 정치에 대한 냉소는 위험한 수준에까지 왔다. OECD 국가 중에서 가장 투표를 하지 않는 나라가 되었다. 정치권에 대해 매우 비판적인 의식을 가진 시민들이 늘어나는데, 이들은 정작 선거에 참여해서 의사표시는 하지 않는 경향이 많다. 그러다 보니 정치에 대한 신뢰는 바닥 수준이다. 2016년 겨울 대통령 탄핵을 둘러싼 촛불시위는 제도권 정치에 대한 불만이 끓어 넘친 현상이라고 해석할 수 있다. 즉, 제도화된 정치과정이 유권자인 시민들의 욕구를 제대로 수용하지 못하다 보니, 비제도적인 방식의 참여가 활성화되고, 이것이 급기야는 기존 정치와 통치의 핵심인 대통령을 탄핵하는 결과까지 낳았다는 점이다. 과거 관료적이고 권위적인 정부 하에서는 오히려 제도 신뢰, 일반적 신뢰의 수준이 높았다. 현재 중국과 베트남에서 중앙정부에 대한 신뢰가 매우 높은 것과 비슷한 증상이었다. 그런데 민주화 이후 '신뢰 적자'가 심화했다. 가장 큰 적자는 입법부, 사법부, 행정부에 대한 깊은 불신이다. 규칙을 제정, 집행하고 위반자를 처벌하는 심판역할을 하는 기관에 대한 불신이 깊다는 것은 사회적으로 엄청난 불신비용을 치러야 함을 의미한다. 심판을 신뢰하지 못하면 승복하지 못한다. 그래서 갈등을 해소하기 어렵다. '공유지의 비극'이 곳곳에서 관찰된다. 치열한 경쟁과 미래에 대한 불안에 시달리지만, 공유할 해법이나 믿을만한 규칙이 없다 보니, 모래알처럼 흩어진 '각자도생'의 사회가 되고 말았다.

다섯 번째는 추락하는 국가경쟁력의 위기다. 세계경제포럼(WEF)의 평가에 따르면 한국의 국가경쟁력은 2007년 11위로 정점을 찍은 후 계속 하락하여, 2017년에는 137개국 중에 26위까지 떨어졌다. 1위 스위스는 물론, 아시아권의 싱가포르(3위), 홍콩(6위), 일본(9위), 대만(15위), 말레이시아(23위)에도 뒤진다. 사회간접자본(2위), 대학진학률(3위), 특허 수(5위), 초고속 인터넷 보급률(5위) 등에선 양호한데, 노사관계 협력(130위), 기업이 사회 역할(109위), 정부 정책 결정 투명성(98위), 정부규제 품질

(95위), 은행 건전성(91위), 정치인 신뢰(90위) 등은 낙제다. 인프라 투자와 하드웨어, 양적 투입은 세계 최고 수준인데, 제도 운용 관련한 소프트웨어는 최하위다. 제도 운용의 어려움이 '고투자, 저효율' 국가를 낳은 것이다. 4차 산업혁명을 눈앞에 둔 한국경제의 발목을 잡은 것도 '제도 운용 능력'이다. 연구개발투자를 늘려도 산업혁신으로 연결되지 않고, 대학교육 공급을 늘려도 NEET족만 늘린다. OECD 국가들과 대비했을 때 한국은 대체로 하드웨어 측면에서는 좋은 성적을 얻고 있다. 양적 투입 부분에서도 괜찮다. 반면에 소프트웨어나 질적 측면에서는 매우 뒤떨어진다. 이런 문제들이 왜 생겨났는지, 어떻게 문제들이 서로 맞물려 있는지에 대해 분석하고자 하면, 결국은 성장이 그동안 어떤 방식으로 이루어졌는가 하는 문제와 떼놓고 생각할 수 없다. 넓게 보면 양적인 투입은 괜찮지만, 경제를 작동시키는 제도에서는 문제가 많다는 결론에 이르게 된다. 세계은행이 이미 지적한 바 있지만, 선진국일수록 자연자원이나 인적자본보다 사회적 자본이 경제성장에 이바지하는 비중이 훨씬 높다.

2. 풍요의 역설, 민주화의 역설

이러한 위기증상들로 인해 우리는 '역설의 시대'를 산다. 남들이 부러워하는 경제성장을 이루었지만, 국민이 체감하는 행복감은 바닥이고 자살률은 세계 최고 수준이다. 경제적 풍요 속에 성장한 젊은 세대는 공공연히 '헬조선'을 외친다. 보릿고개를 겪은 세대보다 더 비관적이다. 1980년대, 국민 대다수는 스스로가 중산층이라 생각했는데 이제는 대다수가 '서민'이라 여긴다. 계층적 자신감이 사라진 것이다. 가히 '풍요의 역설'이다.

1987년 광장의 열기로 우리는 직선제를 쟁취했다. 아시아 최고 수준의 민주주의 제도를 갖추었지만 제대로 작동하지 않는다. 하드웨어는 서구식 민주주의지만, 소프트웨어는 여전히 유교적이다. 눈을 부릅뜨고 '사악한 권력자'를 견제하고자 한 것이 미국의 헌법을 기초한 매디슨 등이 디자인한 민주주의의 기본 설계도인데, 국민은 세종대왕 같은 자애로운 지도자를 희구한다. 불신을 제도화해야 할 곳에서 선의를 기대하다가 보니, 배신감도 커졌다. 민주화는 권위주의를 무너뜨렸지만, '권위'도 모두 깨뜨렸다. 의지할 어른도, 존중받는 합의도 없다 보니, 갈등은 넘쳐나는데 아무도 승복하지 않는다. '민주화의 역설'인 것이다.

경제성장과 민주화의 고지를 성공적으로 정복한 한국이 현재 겪고 있는 어려움은 이제는 성장이나 민주화로 풀기 어려운 문제들이다. 고교졸업자보다 대학정원이 더 많은데 입시경쟁은 더 치열해졌다. 전국에 빈집이 늘어나는데 대도시에서 내 집 장만하기는 훨씬 어려워졌다. 이는 모두 공급을 늘린다고 해서 해소

되지 않는 지위재(地位財)를 둘러싼 경쟁 때문이다(이재열, 2015: 326-330). 대졸자는 모두 1000만 명에 달하지만, 대졸자에 걸맞은 일자리는 500만개에 불과하다(장광수 외, 2011). 대졸자의 절반도 소화하지 못하는 노동시장과 산업구조다. OECD에서 두 번째로 장시간 노동을 하지만, 생산성은 미국의 절반도 안 되는 비효율적 노동시스템을 가지고 있다. 또한 대기업 조합원 노동자의 1/4에 불과한 임금을 받는 중소기업 비정규직의 설움은 가히 조선시대의 신분차별을 연상케 하는 고약한 전근대성을 가지고 있다. 이처럼 시스템 전반이 대대적 경장(更張)을 필요로 한다. 그러나 5년 단임제 하에서 선출되는 대통령은 임기 내에 효험을 볼 수 있는 '한방 공약'에 집착해왔다. 더구나 정책적 일관성 없이 서로 공약을 베낄 뿐, 정작 집권하고는 팽개쳐버린다. 같은 정당이 정권을 재창출해도 지난 정권의 아무리 훌륭한 정책도 지우기 대상이 된다. 정책의 일관성 대신, 미래 권력은 현재 권력에 대한 부정에서 자신의 정당성을 찾았다.

일찍이 헌팅턴은 갈등의 소지보다, 갈등을 풀어나갈 역량이 더 중요하다고 주장한 바 있다(Huntington, 1968). 한 국가의 갈등 소지는 소득이 불평등하고, 언어와 인종이 이질적일수록 커지기 마련이다. 그러나 적절한 복지정책을 통해 소득을 재분배하고, 민주적 정당정치를 잘 작동시키면 갈등은 상당히 해소될 수 있다. 문제는 우리의 갈등 해결역량이 너무 취약하다는 것이다. 정당정치가 제 역할을 못 하니 소소한 갈등도 정치판을 거치면 오히려 더 증폭된다. 세월호 사고를 보라. 미국이나 유럽이었다면 여야가 합의해 철저히 원인을 조사하고 제도와 법규를 정비하여 재발 방지의 계기로 삼았을 것이다. 그런데 우리는 '비난의 정치'로 시간만 끌었다. 국가적 비극조차 이념적 갈등의 소재가 되다 보니, 시스템은 포장만 바뀔 뿐 관행과 전제는 전혀 바뀌지 않았다.

지난 30여 년을 돌아볼 때, 한국 사회를 위협하는 가장 심각한 변화는 신뢰의 실종이다. 역설적으로 1980년대 권위주의 시대에는 제도와 타인에 대한 신뢰가 비교적 높았다. 권위주의적 리더십이었음에도 불구하고 기업이나 사회에서나 의기투합하여 함께 '돌격 앞으로!' 하는 공동체의 끈끈함이 있었다. 그러나 민주화 이후 '믿을 놈 하나 없는' 세상이 되었다. '이제는 말할 수 있다'라는 식의 뒤늦은 폭로 저널리즘이 휩쓸고 간 결과인지도 모른다. 한때 시민단체와 노조, 그리고 대학과 종교기관이 무너진 공적 권위의 대안이 된 바 있다. 그러나 지금은 이들에 대한 신뢰도 모두 반 토막이다. 오늘 한국에서 공적 권위와 신뢰는 어디서도 찾아보기 어렵다.

권위주의는 시대착오적이다. 마땅히 해소해야 한다. 그러나 권위가 사라지면 더 심각한 문제에 직면한다. 통치의 정당성이 사라지기 때문이다. 권위는 어디서 오는가. 그것은 리더의 전문성에 대한 인정과 인격에 대한 신뢰에서 기인한다. 그런데 도대체 권위를 가진 리더나 기관을 찾을 수 없다. 주말마다 반복적으로 이어진 광장의 촛불과 태극기의 물결은 권위와 신뢰가 사라진 자리에서 넘쳐나는 갈등을 적나라하게 보여준다. 치열하게 토론하고 출구를 모색해야 할 정치인들과 정당들은 촛불과 태극기 뒤를 좇아 광장에 눌러앉았다. 불만과 참여의 열기를 담아내지 못한 제도권 정치의 처절한 민낯이다. 그러다 보니 심지어는 군대가 나서야 한다는 주장까지 나왔다. 헌팅턴식으로 표현하면 가히 로마 시대 집정관(Praetorian) 정치를 떠올리게 한다. 스스로를 자정하고 풀어나가는 능력이 없는 정치판을 뒤집고 싶어 하는 욕망은 집정관이나 광장에 모인 시민이나 다르지 않다.

왜 이렇게 되었을까? 이념과 정책을 내세우지만, 민주화 이후 역대 정권에서 합의된 절차와 공적 기구를 통한 문제 해결 대신 파벌과 인맥, 그리고 사적 관계가 실질적으로 작동해 온 역사로부터 여전히 자유롭지 못하기 때문이다. 역대 정부의 말년은 측근 비리와 부패로 인해 반복되는 레임덕이 문제였다. 친인척 비리로부터 자유로울 것으로 기대를 받았던 박근혜정부는 그보다 더 고약한 비선 실세 논란으로 주저앉았다. 공적인 시스템과 합리적 관료제를 통해 공공성을 뒷받침하는 정부 대신, 무대 뒤

실세에 의존하는 가산관료형 지배자의 모습에서 여전히 자유롭지 못한 것이다.

난마처럼 꼬인 현실 앞에 헌법 절차를 담당하는 기관들에 대한 정치적 압력이 거세다. 갈 길은 먼데, 마음은 모두 조급하다. 그러나 우리에게 쉬운 지름길은 없다. 우리가 결여하고 있고, 그래서 앞으로 확실하게 만들어나가야 하는 길은 약속한 절차를 존중하고 따르는 과정에서 축적되는 절차적이고 합리적인 지배 정당성이다. 그런데 이것이 하루아침에 되지 않는다. 마그나카르타 이후 영국은 이런 정당성을 500년간 만들어왔음에도 불구하고 브렉시트(Brexit)로 인해 탈진실 시대 대의민주주의의 정당성을 시험받고 있다. 혁명과 반동을 반복한 프랑스의 외교관이자 사회학자인 토크빌이 극찬했던 미국의 민주주의도 트럼프의 극단주의로 인해 심각한 시련대에 올라 있다.

민주주의의 토대는 생각이 다른 이들과 함께하는 법을 체득하는 것이다. 자신의 오류 가능성에 대한 성찰 없는 권력이 나라를 파국으로 이끌 듯, 헌법기관의 전문성과 공정성을 용인하지 못하는 광장의 외침은 중우정치로 빠질 수 있다. 유권자들은 모든 문제를 단박에 풀 수 있다고 주장하는 정치인을 주의해야 한다. 갈등과 증오감을 부추기는 이들도 경계해야 한다. 먼 길을 가야 하는 우리 현실을 직시하는 이, 자신의 능력의 한계를 인정하고 겸허히 경쟁자의 협력을 요청하는 이를 적극적으로 찾아야 한다. 우리 문제의 해법은 평범한 보통 사람들의 상식이 통하는 사회 안에 있기 때문이다.

3. 참여정부와 문재인 정부를 좌절시킨 7가지 딜레마

'참여정부 2기'라고도 불리는 문재인 정부는 노무현 정부의 좌절로부터도 배워야 했다. 참여정부는 이상주의적이고 개혁적이었지만, 정작 여러 가지 딜레마를 풀지 못해 좌절했다. 그런데 문재인 정부도 실패했다. 참여정부가 겪었던 다음과 같은 일곱 가지 딜레마를 풀지 못하였기 때문이다.

첫째는 단기 처방과 장기 효과의 딜레마이다. 참여정부의 핵심 모토인 '참여', '분권', '균형' 등은 모두 수십 년 장기 비전을 가지고 추진해야 할 것들이었다. 그러나 임기 내 정치적 지지를 얻기 위해 단기적으로 효과 있는 정책을 추진하려는 유혹을 강하게 받았다. 대중적 지지도가 떨어질수록 단기 처방에 더 집착하기 쉬운데, 그럴수록 본래 의도한 장기 비전에서 멀어지는 딜레마가 발생하였다. 문재인 정부가 제시한 '포용국가'의 이념에서 도출된 '소득주도성장'이나 '비정규직 철폐'도 비슷한 딜레마를 보였다. 단기적으로 정부 예산으로 공공일자리 늘리고 비정규직을 정규직화 하는 것은 쉽다. 그러나 대-중소기업의 성장과 창업을 통한 고용창출이 이루어지지 않으면 지속적인 소득주도 성장은 불가능하다. 문 대통령이 인천공항 발언은 정규직화 요구 시위를 낳았다. 그러나 장기 효과를 보려면 긴 안목으로 제도를 개혁해야 하는데, 제도개혁에는 박수보다 저항이 더 클 것이다.

두 번째는 집중권력에 의존한 분권화의 딜레마이다. 참여정부의 대표정책인 '분권'을 실행하려면 중앙정부의 재원 및 인력에 크게 의존해야 했다. 중앙부처는 정책집행권을 지방에 이양하지 않으려는 강한 관성을 갖기 마련이며 재정적 기반이 취약한 지방은 중앙 의존적 발전 전략을 택하려 했다. 목표는 분권인데 수단은 과거의 중앙 집중 권력과 자원에 의존하는 딜레마가 나타났다. 문재인 정부는 검찰 독립성과 자율성을 갖추도록 개혁하기 위해 중앙 권력을 이용하려 했다. 권력의 눈치를 보는 검찰을 개혁하려면 강력한 개입이 필요한데, 이는 결과적으로 또 다른 권력에 의한 줄 세우기를 낳는다. 이 문제를 해결하기 위해 공수처(고위공직자범죄수사처)를 만들었지만, 권력기관의 분권과 독립을 가능케 할 제도적 장치가 자리 잡지 않고는 해결할 수 없는 문제다.

세 번째는 참여와 제도화 간 딜레마다. 제도화돼 수렴되지 않는 과잉 참여는 갈등을 고조시켰다. 참여의 폭이 확대될수록 의견조정과 합의도출에 드는 비용과 시간이 기하급수적으로 늘어나기 때문이다. 촛불 민심에 의한 탄핵정국 이후 선출된 문재인 정부는 급증하는 참여 요구에 직면했다. 노조와 시민단체 등은 모두 새로운 권력의 지분을 주장했다. 그러나 참여의 폭이 커질수록, 최종적으로 책임져야 하는 정부의 거버넌스 역량이 이를 충분히 소화하지 못하면, 아무도 책임지지 않는 텅 빈 국가(Hollow state)가 될 가능성이 있다. 제도화되지 못한 참여로 초래되는 '갈등의 정치'는 합의의 기반을 소진해 사회통합을 저해한다.

네 번째는 이념성과 전문성 간 딜레마다. 참여정부 내에서 이념적인 386세대 진보세력과 정책의 실행을 담당한 보수적 관료집단이 어색하게 공존했다. 참여정부가 선명한 개혁성을 표방하면 전문가 인재 군을 배제하게 되고, 과거 유형의 관료에 의존하면 진보적 이념의 선명성을 유지하기 힘들게 되었다. 이와 유사한 딜레마가 문재인 정부에서 반복됐다. 개혁적이고 이념적인 지향이 강한 참모진과 현실적이고 전문적인 관료집단 간 갈등 가능성은 경제정책에서나 외교안보정책에서 모두 반복됐다. 참여정부 말년, 이념성 대신 전문성을 앞세우다 보니 '좌회전 깜박이 등을 켜고 우회전'했다는 비난을 자초한 경험을 피하려고, 문재인 정부에서는 주택정책, 대북정책, 경제정책 등에서 이념적 선명성을 고집했다. 그 결과 경제정책이나 외교정책에서 기존의 유능한 관료들은 적폐세력으로 몰렸고 정책 결정 과정에서 소외되었다. 정부 정책 결정이 가져온 불확실성과 실패는 집값 폭등으로 국민과 경제를 어렵게 만들었다.

다섯 번째는 권위주의 타파가 가져온 권위 실종의 딜레마다. 참여정부 시절 검찰, 언론, 대학, 청와대 등 권위주의 유산을 버린 것은 민주화의 성과라 할 수 있다. 그러나 급속한 권위주의 타파를 보완할 정당한 권위도 사라지는 '권위지체현상'이 심화되었다. "대통령도 못 해 먹겠다."라고 할 정도로 심각했던 참여정부의 '권위 없는 리더십'은 '권위주의적 리더십'만큼 문제였다. 과거 권위주의 코드를 복원하고자 한 박근혜정부의 실패 이후 분명해진 것은 권위주의를 타파한 이후 모두가 존중할 수 있는 법적, 합리적 권위를 만드는 새로운 길로 가야 한다는 것이다. 권위주의에 의존하지 않고 민주적이고 합리적인 권위를 만들어내는 것, 이것이 문재인 정부가 민주적 통치의 정당성을 공고히 하기 위해 직면한 과제였다. 그러나 쉽지 않다. 조국 전 법무부 장관을 둘러싼 논란에서 보듯, '기회는 공평하고, 과정은 공정하며, 결과는 정의로울 것'이라며 권위주의를 도덕주의적으로 공격했던 진보진영도, 이미 수 십 년간의 집권이력으로 인해 기득권화한 인맥과 여러 도덕적 논란으로 인해 순식간에 권위를 잃을 수 있음을 보여주고 있다.

여섯 번째는 개혁의 딜레마다. 대체로 개혁의 정치는 개혁을 통해 기득권을 잃는, 그래서 저항하는 층과 개혁을 통해 이득을 보는 이들 간의 갈등을 유발한다. 집합행동의 논리로 보면, 개혁으로 이득을 보는 불특정 다수는 미지근한 태도를 보이는 반면, 기득권을 잃는 층은 격렬하게 저항한다. 따라서 개혁을 위해서는 미래의 비전과 아젠다를 제시하고, 갈등하는 층을 포용하고 타협하게 할 로드맵이 절실하다. 그런데 참여정부와 문재인정부는 역사문제를 먼저 건드렸다. 그래서 건국의 정통성을 둘러싼 친일파 논란과 이념 논쟁이 증폭되었고, 전쟁의 상흔을 간직한 보수층의 격렬한 저항을 유발했다. 미래지향적 개혁을 기대했지만, 역사논쟁과 이념논쟁만 남았다. 제대된 개혁은 어떻게 생활정치 수준에서 많은 국민들이 개혁에 공감하고 참여하게 할 것인지에 성패가 달렸다.

일곱 번째는 글로벌 환경과 사회통합 노력간 불일치가 만드는 딜레마다. 더구나 코로나 19가 만들어낸 위기는 상황을 악화시켰다. 글로벌 경쟁은 어느 나라를 막론하고 취약계층의 경제 고통을 증대시키고 장기적, 구조적 실업과 불평등을 확산시키고 있다. 무역의존도가 70%를 넘는 중견국 한국경제에서 개방경제의 압박은 더 심하다. 사회통합을 위한 정부재정지출이 지속적으로 늘어나도, 글로벌 환경의 악화는 그 노력을 러닝머신 위 제자리 뛰기처럼 무력화할 기세다. 재정지출의 필요성은 늘어나는데, 적절한 제도개혁으로 투명성과 효과성이 확보되지 않으면 그리스나 이탈리아 같은 재정위기를 피할 수 없다.

4. 역사의 충적과 세대차

한국 현대사 70년은 남들이 수백 년 걸쳐 만들어낸 변화를 압축해서 성취한 왕성한 충적기(沖積期)다. 하지만 압축적이다 보니, 비동시적 요소가 공존하기보다는 충돌하는 경우가 많았다. 전쟁의 고통과 장기적 평화, 고통스러운 가난과 기적적 성장, 절망과 희망, 좌절과 성취의 모든 국면을 압축적으로 경험했다.

주요 사건들은 개인 경험과 기억 속에 강렬하고 깊은 흔적을 남겼다. 그러나 그 흔적은 공간적으로나 실존적으로 매우 선택적이다. 감수성이 예민한 청년기에 가장 깊게 각인된다. 같은 시기를 살았다 해도 어떤 세대냐에 따라 경험 강도가 달라지는 이유다. 세대차는 크게 세 가지 이유로 생긴다. 즉, 연령효과, 시대효과, 그리고 출생동기(Cohort)효과다. 연령효과는 생물학적 나이를 반영한다. 대개 10대의 철없음과 20대의 활발한 모험성에 비해 50대나 60대는 보다 현실적이고 책임감 있게 행동한다. 경험한 시대 차이도 중요하다. 전쟁이나 경제 위기 경험유무는 큰 차이를 가져온다. 출생동기집단은 같은 연령과 시대를 거치며 사회생활을 공유하는 집단이다.

한국 사회에서 공존하는 각 세대가 사실상 전혀 다른 기억의 단층 위에 살고 있다. 초연결사회 들어서 세대 간 차이는 더 벌어졌다. 흐르는 시간은 과거보다 훨씬 압축적으로 다가온다. 흔히 우스갯소리로 "요즘은 쌍둥이도 세대 차를 느낀다."라고 하는데, 아마 이러한 속도감이 반영된 탓일 것이다.

현재 한국에서는 지배적 집단으로 올라선 진보적 586세대의 압도적인 대표에 비해 젊은 세대의 삶과 의견은 제대로 반영되지 않는 세대 간 격차가 두드러진다. 압축적 고도성장과 민주화의 역동성 속에 풍요를 경험하게 된 베이비붐 세대와 비교하면, 치열한 경쟁과 노력에도 불구하고 미래에 대한 불확실성 속에서 고통 받는 젊은 세대는 제한된 지위를 둘러싼 경쟁을 통해 공정성에 대해 예민한 요구를 하고 있다. 그러나 586 정치인들은 특권과 인맥을 동원한 반칙에 문제를 제기하는 젊은이들의 경고를 '수구꼴통'으로 폄하하곤 한다.

그러나 돌이켜 보면 역사는 끊임없는 세대의 교체로 이루어졌다. 정도의 차이는 있을지언정, 젊은 세대가 기성세대의 자리를 대체하면서 그 사회의 진보와 발전이 이루어졌다. 우리 사회에서도 다양한 영역에서 새로운 세대의 등장을 긍정적으로 받아들이고 이들의 생동감과 활력을 사회 변화의 원동력으로 받아들일 수 있을 때 비로소 바람직한 사회 발전을 기약할 수 있을 것이다.

5. 갈등소지보다 취약한 갈등해소 시스템, 그리고 공공성 결여

아무 스트레스가 없는 삶이 건강하지 않은 것처럼, 아무 갈등이 없는 사회가 좋은 사회라고 할 수 없다. 갈등이 생겨나더라도 그 갈등들을 잘 풀어나가면서 그 사회의 포용력을 높여나가는 사회가 좋은 사회라 할 수 있다. 그것을 간단한 분수식으로 표현하면 다음과 같다.

$$갈등 = \frac{잠재적\ 갈등소지}{갈등해소\ 시스템}$$

분자에 해당하는 잠재적 갈등소지가 많아지면 갈등이 심각해질 것이고, 분모에 해당하는 갈등해소 시스템이 왜소해도 갈등이 심해질 것이다. 여기서 잠재적 갈등소지로는 불평등, 사회적 배제, 이질성 등을 생각할 수 있고, 갈등해소 시스템으로는 복지제도, 민주주의, 사회적 공정성 등을 생각할 수 있다.

한국이 객관적으로 갈등의 소지가 큰 나라인가? 나는 그렇다고 생각하지 않는다. 우리 사회의 갈등 소지는 다른 나라에 비하면 양호한 편이다. 그런데도 갈등이 빈발하는 이유는 갈등을 풀어나갈 갈등해소 시스템이 취약하기 때문이다. 요리에 비유하면 갈등거리는 많지 않은데 요리할 그릇이 작다 보니, 작은 이슈에도 사회 전체가 부글부글 끓어 넘치는 형상이다.

대한민국 헌법 제1조 제1항은 매우 간결한 문장으로 되어 있다. 바로 '대한민국은 민주공화국이다.'라는 것이다. 민주공화국은 분명 민주와 공화를 합친 말일진대, 그렇다면 대체 민주주의는 무엇이고 공화주의는 무엇인가? '민주'란 시민들이 권한을 가지고 시민에 의해 결정이 이루어지는 정치 시스템을 뜻한다. 정치적 자유, 언론의 자유를 통해 모든 것이 투명하게 공개되는 사회가 민주 사회다. 지금은 사실 누구나 민주라는 말의 함의를 잘 알고 있다. 그런데 '공화'는 민주에 비교하면 거의 논의가 되어 있지 않고 그것이 무엇을 의미하는지조차 분명치 않은 것 같다. 그러나 공화 또한 매우 중요한 개념이다. 로마 시대로부터 지금까지 공화는 '어떻게 하면 함께 잘 살 수 있는 사회를 만들 것인지'를 고민하는 개념이었다. 그러니까 '개인의 자유를 기치로 하는 민주'도 중요하지만 '함께 잘 사는 일로서의 공화'도 중요하다는 것이 민주공화국의 뜻이라 하겠다.

공화가 갖는 기본 정신은 공공성을 빼놓고 언급될 수 없다. 공공성에 대한 일반적 정의를 보면 "한 개인이나 단체가 아닌 일반 사회 구성원 전체에 두루 관련된 성질"이라고 표준국어대사전에 쓰여 있다. 공공성(公共性)의 한자 표기를 보면 '公'은 공적인 것, 국가를 뜻하고, '共'은 공동의 것, 시민이 함께 함을 뜻한다. 그러니까 공공성은 공화와 민주의 유기적인 결합을 통해 실현 가능한 일이다.

민주는 시민성과 공개성을 특징으로 하는데 이에 부합하는 개념이 시민(市民)이다. 반면에 공민(公民)이라고 할 때는 공공성을 염두에 두고 행동하는 시민이라는 의미가 된다. 이에 보태어 공화 개념에서 공정성과 함께 중요한 것이 공익성이다. 예를 들면 군대는 외부 적의 침입에 대비해 국민 된 도리로서 함께 대비한다는 측면에서 공익성을 갖는다. 그래서 모든 남성 국민은 군복무를 할 의무를 갖는다. 그런데 군대를 국민개병제가 아닌 용병제로 하면 어떻게 될까? 국민으로서의 의무가 아니라 경제적 이유로 가난한 이들만이 군대를 가게 된다면, 국민의 안전을 도모한다는 공익성은 훼손될 것이다.

2014년 세월호 사건이 발생한 후 나는 이것이 공공성의 문제와 연관이 있다고 생각했다. 그래서 우리 사회의 공공성 수준을 측정하는 연구를 했다. 서울대 사회발전연구소 연구팀에 속해 공공성을 시민성, 공개성, 공정성, 공익성 네 측면으로 나누어 조사했는데, 결과는 자못 충격적이었다. 33개 OECD 국가 중 시민성은 32위, 공개성 31위, 공정성 33위, 공익성 33위로서 한국은 모든 부문에서 거의 꼴찌였다. 이는 공공성의 네 측면에서 모두 최상위를 기록한 북유럽국가들(노르웨이, 스웨덴, 핀란드 등)과 대척점에 있는 한국 현실을 보여주었다. 미국은 전반적으로는 중하위 수준이지만 시민성과 공개성 등 민주 영역의 공공성 수준이 높았다.

연구 결과, 공공성은 국민들 가치관과도 밀접히 연관되어 있다는 사실을 알게 되었다. 세계가치관조사(World Value Survey)는 전 세계 100여 개 국가를 동일한 설문을 가지고 조사한다. 그래서 비교가능 한 데이터를 분석한 결과 공공성이 가장 높은 북유럽 국가들의 경우 신뢰의 기반이 매우 단단했다. 즉, 낯선 사람이나 정부를 모두 신뢰했고, 사람들이 자신을 공정하게 대우할 것이라는 생각했다.

공공성 수준이 북유럽국가 다음으로 높았던 호주, 캐나다, 영국, 네덜란드 등에서는 경쟁의 긍정적인 면을 인정했다. 그러나 성공이나 성장만을 지향하지는 않았고, 참여나 이타심을 중요한 덕목으로 여겼다. 그래서 정부에 의한 공적 자원 배분을 통한 복지가 풍부하지 않았음에도 불구하고, 높은 시민성으로 인해 개인들이 자원봉사가 활발했다. 미국은 전형적인 경쟁지향 시장경제로서 공공성은 매우 낮았지만, 자발적인 나눔과 서로를 따뜻하게 챙기는 문화가 강하게 공존하고 있었다.

한편 공공성이 상대적으로 낮은 동유럽이나 남유럽 국가들의 경우, 일반적인 신뢰수준이 낮은데 경쟁보다는 평등의 원칙을 지지했다. 그런데 투명성이 낮은데도 불구하고 공적 자원을 과하게 배분하다 보니 자원의 배분은 비효율적인 방향으로 흘러 사회적 불평등은 해소하지 못한 채 재정적자만 늘어났다.

특이한 것은 터키의 사례다. 이슬람 문화의 특성상 사람들은 소득의 10분의 1을 어려운 사람을 위해서 나눈다. 세금으로 내는 게 아니라 자발적으로 주위 어려운 사람들에게 베푸는 것인데, 이것이 종교적이고 문화적 관습으로 작동하기 때문에 정부에서 쓰는 복지비용이 매우 적음에도 불구하고 사회 전반의 안전감을 높여주어, 사람들이 느끼는 상대적 박탈감은 한국보다 훨씬 낮았다.

그런데 한국은 경쟁중심사회다. 경제성장과 물질적 부의 축적을 특별히 중요시하며 사회적 참여보다는 개인의 성공을 우선시한다. 반면에 이타심이나 자발적 자원봉사, 그리고 정치적 참여는 매우 적었다. 이런 경쟁중심의 사회적 성격은 대만이나 일본 등 동아시아 국가들과도 공유하는 것으로서, 유교적 현세지향성 등과 관련 있는 것으로 여겨진다.

6. 사회통합의 방향

 과거 우리는 효율적이고 획일적인 방식(권위주의)에 익숙했지만, 이제는 민주화되고 분권화된 사회로 이행했다. 그래서 적극적 소통과 설득에 의한 합의가 사회적 정당성을 확보하는데 핵심적이 되었다. 사회적 합의가 없으면 장기적으로 더 큰 갈등비용을 지불하게 될 것이다. 문제는 갈등 자체가 아니라 갈등 해결의 역량을 키우는 일인데, 지금 대한민국은 그러한 갈등해결 역량이 어느 수준인 걸까? 지금의 정당들이 진정으로 나라의 미래, 국민들을 생각하는 정치를 펼칠 수나 있는 것일까? 하지만 불행하게도 현재 우리 사회에서 정치인들은 유권자들을 두려워하지 않는다. 유권자들의 생활 속 문제와는 무관하게 공천자와의 관계가 더 중요하기 때문이다. 그래서 대표성이 없다. 또한 소선거구제 하에서 한 표라도 더 얻으면 당선되기 때문에, 전국적인 득표율과 의석수가 서로 비례하지 않아서, 비례성도 없다. 그래서 사회통합의 큰 그림을 그리기 위해서는 우선 선거법을 개정할 필요가 있다. 자신들에게 표를 주는 사람들이 가지고 있는 고민이 무엇인지 귀를 기울일 수밖에 없는 제도를 만들어야 한다.

 사회통합의 목표는 역동적인 조화와 상생이다. 즉, 개인이나 집단 간 균열과 갈등이 해소되고, 조화를 이루는 것인데, 이는 조건과 수단, 그리고 토대가 필요하다.

(1) 토대에 해당하는 것이 규범적 통합이다. 이는 이질적이고 각기 다른 선호를 가진 행위자들이 공통의 규칙에 대한 기대를 공유하게 하여 결과에 대한 예측가능성을 높이는 것을 의미한다. 규칙의 투명성과 법치주의, 제도에 대한 신뢰 등은 이런 의미에서 사회통합을 형성하는 핵심 토대의 역할을 한다.

(2) 통합의 수단으로서는 소통이 중요하다. 여기서 소통이란 정부가 국민의 고충과 어려움에 대해 경청하는 것 뿐 아니라, 상이한 이해관계나 문화, 정체성을 가진 개인이나 집단 사이의 원활한 소통도 포함한다. 구체적으로는 언론의 자유와 국민의 눈높이에 예민하게 반응하는 정책적 민감성, 그리고 합리적이고 장기적인 국가 목표에 대해서는 적극적으로 국민을 설득하는 정부의 노력 등이 모두 포함된다.

(3) 세 번째는 체계의 통합이다. 이는 사회통합과 정책효과 제고의 조건으로서 정책 체계 간 선순환의 고리를 만들고, 정책과 외부환경 변화와의 괴리를 해소하는 것을 의미한다. 가령 성장이냐 분배냐의 이분법 대신 성장을 토대로 두 가지 이질적 요소를 통합하는 정책이 가능할 터인데, 고용유발형 복지정책(Compulsory activation system)은 '혜택을 받기 위해서는 최소한의 일을 해야 하는 복지시스템'과 '가능한 최대의 인원이 일자리를

찾아야 한다는 시장경제의 성장시스템' 간에 상호 호환성을 만들어 냄으로써 성장과 복지의 선순환구조를 촉진한다는 점에서 체계통합의 사례가 될 수 있다. 지속가능한 성장은 환경보호와 경제성장이라는 일견 모순되어 보이는 두 가지의 가치를 선순환 구조로 촉진시킨다는 점에서, 그리고 미래세대를 위해 남겨진 자원을 우리세대가 독점적으로 다 사용하지 않고 남겨둔다는 점에서 환경정의와 세대 간 정의를 정책적으로 구현하는 또 다른 체계통합의 사례가 될 수 있다.

7. 우물을 파는 리더십

현재 우리 사회가 겪고 있는 문제의 큰 뿌리를 찾아본다면, 예측 가능한 규칙의 공정성이 부재함으로써 비롯되는 것들이 태반이다. 따라서 사회 토대에 공정성을 깔고 사회통합적인 정책을 펴나가면서 갈등과 배제의 문제를 풀어나가야 할 것이다. 사회통합에 이르는 길은 우리 모두의 노력이 필요한 일이다.

사회적 갈등을 해결하는 방법으로 대표적인 것이 불평등을 줄이는 복지제도, 민주주의의 확대, 혹은 공정한 사회 시스템 확립 등이다. 그런데 이런 모든 것을 풀어나가려면 리더십이 중요한데, 장기적 비전을 가지고 우리 사회를 이끌 리더십이 보이지 않는다는데 우리의 가장 큰 문제가 있다.

현재 한국의 정치는 대통령이 취임하는 순간부터, 심지어는 같은 정당 내에서 조차, 미래 권력의 견제를 받는 시스템이다. 자신의 소신을 펼치기 어려운 여건이라는 뜻이다. 그렇다 보니 사실상 우리의 문제는 대부분 장기적으로 해결해야 하는 것들임에도 정책은 단기적이고 임기 내 해법 중심이다. 대통령 하나 잘 선출했다고 해서 풀릴 수 있는 문제는 거의 없다. 그만큼 사회는 복잡해졌고, 한국이 직면하고 있는 문제는 대부분 고질적이다.

각 정당이 내놓는 정책들도 차이가 거의 없다. 좋다는 것은 서로 베끼고 공유했기 때문이다. 정권이 바뀌면 강조점의 차이가 있을 뿐, 그것은 6시 5분 전과 5분 후의 차이와 같다. 그런데 정당 간 레토릭으로는 3시와 9시의 차이가 된다. 그래서 정권이 바뀌면 이전 정권에서 쓰던 정책을 지칭하는 용어는 금기어가 되고 다른 개념으로 포장해서 내놓지만 정작 새로운 것은 없다. 사실 현존하는 사회문제가 정권이 바뀐다고 금세 해결되겠는가? 위험과 갈등 요소는 여전하고, 정책의 콘텐츠는 달라진 게 없는데 포장만 달라진다. 게다가 사방이 견제의 대상이니 모든 정권이 임기 초반에 반짝 생색낼 수 있는 일만 하게 된다.

현재의 비정규직법이 그렇다. 젊은 사람들의 이력서는 다 9개월짜리 일자리들로 채워져 있다. 9개월을 넘기면 무기계약을 해야 하는데 그게 부담스러운 모든 기업이 9개월이 지나면 인력을

다 내보내기 때문이다. 이처럼 의도와는 다른 결과를 낳는 법안이 생겨나는 이유는 장기적인 비전을 보지 않고 단기적인 성과를 내고자 하는 욕심 때문에 벌어지는 현상들이다. 내 임기 동안에는 욕을 먹더라도 정말 우리 사회를 위해 필요한 일을 하는 리더십, 지금 우물을 파는 리더십이 있어야 하는데 그게 부족한 것이다.

그런데 독일의 전 총리 슈뢰더가 그 일을 해냈다. 유럽의 환자라고 하는 독일의 여러 가지 문제들, 소위 독일병을 풀기 위해 4단계 노동시장 개혁 방안을 골자로 하는 하르츠 개혁을 시도했다. 슈뢰더는 사민당 출신으로, 우리 식으로 하면 노조의 지지를 받는 총리임에도 노조에 가장 피해가 가는 정책을 집행한 것이다. 그래서 다음 총선에서 낙선하고 보수적인 기민당의 메르켈이 당선되었다. 정작 하르츠 개혁으로 인한 실업문제 해결, 고용률 증가의 혜택은 메르켈 정부로 돌아갔다. 그러자 메르켈은 나중에 슈뢰더를 모신 자리에서 그를 칭송했다. 정치적으로는 서로 정적이지만 국가를 위해 필요한 개혁을 했기 때문이 독일이 유럽의 맹주, 챔피언으로 다시 올라설 수 있었다면서 박수를 보낸 것이다. 이때 많은 독일 사람들이 감동했다. 독일의 하르츠 개혁을 보면 결국 정권에게는 임기 내 성과뿐 아니라 장기적 비전의 공유가 얼마나 중요한지 알 수 있다. 이것이 바로 사회적 합의의 기술인 것이다.

최악의 갈등 상황에서 최고의 타협을 끌어낸 성공 사례로 1994년 남아프리카공화국 민주화가 꼽힌다. 17세기 네덜란드인 이주로 시작해 1815년 영국의 식민지가 된 남아공은 1961년 인종차별정책을 비판하는 영국에 맞서 독립했다. 그러나 아파르트헤이트 정책을 고수하다 1974년 UN에서 축출되었고, 가중되는 서방의 경제제재로 국제적으로도 고립되었다. 결국, 최후의 선택이 남았다. 권력을 흑인과 나눌 것인지, 아니면 유혈 충돌을 무릅쓰고 철권통치를 이어갈 것인지. 복수를 두려워한 백인들은 권력을 절대로 놓지 않으려 했고, 흑인들은 자신들이 집권하면 백인들을 다 쓸어버리겠다는 적대감으로 들끓었다.

　극단적 갈등을 해결한 계기는 '몽플뢰르 시나리오 콘퍼런스'다. 1991년 9월 케이프타운 몽플뢰르 콘퍼런스 센터에서 남아공을 대변할 지도자 22명이 남아공의 미래에 대해 6개월간 숙의했다. 콘퍼런스 참여자는 흑인 좌파 정치가, 우파 분리주의자, 아프리카민족회의 멤버, 노조 간부, 경제학자, 백인 기업 임원 등 다양했다. 다만, 공통점은 명분을 앞세워 '자기 정치'를 하는 각 조직의 최고리더가 아니라, '공동체의 미래'를 고민하는 차세대 리더라는 점이었다.

　중재의 전권을 위임받은 이는 미래 시나리오 전문가인 로열더치쉘의 임원 아담 카헤인이었다. 그는 참가자에게 다음과 같은 대화 원칙을 제시했다. '이것을 들어주지 않으면 참여 못 한다'

라거나, '그런 일은 절대 안 된다' 같은 단정적인 말 금지. 대신에 미래의 시나리오, 즉 '왜 그런 일이 일어나는가?', '그 다음에는 어떤 일이 일어날까?' 등의 질문만 가능.

이 원칙을 지킨 결과 합의 타결 여부, 빠른 합의 이행 여부, 정책의 지속가능성 여부 등을 조합하여 네 가지 시나리오가 도출됐고, 국민이 쉽게 이해할 수 있는 스토리로 풀어냈다. 그중 하나는 '타조 모델'인데, 소수집단인 백인 정부가 타조처럼 모래에 머리를 들이박고 다수 흑인의 고통을 계속 외면할 경우 닥칠 미래를 그린 것이다. '이카루스 모델'은 태양을 향해 계속 날아가는 그리스 신화의 이카루스처럼 끊임없는 복수의 악순환이 가져올 파국을 그렸다. '레임덕 모델'은 약체정부가 들어설 경우의 혼란을 적나라하게 묘사했다. 반면 함께 춤을 추는 '플라밍고 모델'은 서로가 조금씩 양보해서 타협하면 극단적인 주장을 하는 사람들은 불만을 가질 수 있으나 남아공 시스템은 살아남고 점진적으로 발전할 수 있는 모델로 그려졌다.

이 모델들은 온 국민의 흥미로운 토론 거리가 됐다. 충분한 논의가 이루어진 후, 남아공 사람들은 플라밍고 모델을 선택했다. 이로써 장기간 감옥에 있던 만델라가 석방되어 대통령이 되었으며 백인 기업가들은 보복의 불안을 벗어나 계속 투자하게 됐다. 벼랑 끝 위기의 절정에서 다양한 이해집단이 상황의 심각성을 온몸으로 느꼈고, 극좌파와 극우파를 견제할 중도적 좌파와 중도적 우파의 역량이 충분히 발휘되었기 때문에 가능했다.

한국에서 사회적 합의에 기초한 개혁이 잠깐 시도된 시기는 1997년 외환위기 이후 집권한 김대중 정부 때였다. 국가 부도라는 위기의 벼랑 끝에서 온 국민은 금 모으기 운동으로 뭉쳤고, 김대중 정부는 노조의 양보를 촉구했다. 그 결과 대규모의 구조조정과 정리해고가 이루어졌고, 노사정 협의 제도가 갖추어졌다. 그러나 이후의 타협은 성공하지 못했다. 스스로 준비한 시나리오가 아니었기 때문이다.

4차 산업혁명의 커다란 파고가 고용의 근간을 흔들고 있는데, 사회적 합의 기구인 경제사회노사정위원회는 전체 노동자의 5%만을 대표하는 '정치화된 강경파' 노조 리더의 보이콧으로 한 번도 제대로 작동하지 못했다. 강경파 환경론자들이 주도한 탈핵 선언으로 전력공기업의 영업이익은 몽땅 사라졌고, '탈핵'을 앞세운 정부가 '원전 수출'을 마케팅하는 코미디가 연출됐다. 반면에 차분한 '에너지 전환 시나리오'는 분명치 않다. 패스트트랙을 고수한 여당과, '선명성'을 앞세워 표 계산을 극대화한 야당 리더 간의 육탄전 속에, 시대적 과제인 투명성 제고를 위한 미래 시나리오는 사라졌다.

저강도 위기가 장기간 지속하다 보니 마치 점점 온도가 높아지는 냄비 속 개구리가 뛰쳐나올 기회를 놓치고 익어버리는 것과 같은 위험요소가 나라 곳곳에 널려 있다. 극단의 목소리가 갈등을 증폭시키고, 이념의 양극화로 치닫는다. 서로가 상대의 발목을 잡는 비토크라시(Vetocracy)가 민주주의를 대체한 꼴이다.

타협을 이루려면, 중도의 목소리가 강해져서 양극화된 갈등에서 이득을 얻으려는 극단주의자들이 효과적으로 억제되어야 한다. '미래 지분'을 가진 능력 있는 차세대 리더들로 새롭게 대화를 구성하여 국민을 설득할 시나리오를 만들지 못하면 한국의 미래는 없다. 공동체의 미래를 그릴 정책역량도, 타협의 기술도, 겸손함도 없는 대표들은 그만 퇴장해야 한다. 지금 한국정치는 기득권에 매달리는 무능한 진보와 이익추구형 수구적 보수가 판을 장악하고 있다. 이제 장기적 비전을 가지고 경쟁하는 청렴하고 경륜 있는 보수와, 이상적이고 유능한 진보간의 경쟁이 자리 잡도록 해야 한다. 그리고 그것을 가능케 하는 것은 유권자의 몫이다.

3부
불평등 완화와 약자 보호

"불평등, 빈곤과 부채" / 신광영
"코로나19 이후 불평등 해소 정책의 과제" / 조흥식

쿠오바디스 대한민국

불평등, 빈곤과 부채

/ 신광영
중앙대 사회학과 명예교수

1. 불평등 현실

한국의 불평등에 관한 이미지는 두 가지이다. 하나는 한국은 불평등이 낮은 사회였고, 산업화 가정에서도 낮은 불평등을 유지한 보기 드문 사례라는 이미지이다. 전쟁을 통해서 지배층이 사라졌고, 토지개혁을 통해서 지주계급이 약화되면서, 모두가 못사는 사회가 되었다는 해석이 이러한 이미지를 만들어 내는 내러티브가 되었다. 빈곤의 평등이 출발점이 되었다는 것이다. 다른 하나의 이미지는 1960년대 이후 진행된 산업화 과정에서도 불평등은 다른 나라들처럼 높지 않았다는 것이다. 산업화 시기의 불평등은 데이터를 통해서 분석한 지니계수를 근거로 한 이미지였다. 첫 번째 이미지가 사건을 중심으로 한 해석이었다면, 두 번째 이미지는 통계 자료를 근거로 한 객관적인 분석의 결과로 받아들여졌다. 국내외 학자들에 의해서 공유되고 확산된 두 번째 이미지는 하나의 정설로 받아들여졌다. 그리고 첫 번째 이미지와 두 번째 이미지가 연결되어 한국의 경제성장은 불평등을 제어하면서 이루어졌다는 점에서 상당히 예외적인 사례로 받아들여졌고, 일본이나 대만 사례와 더불어 동아시아 예외주의 논의로 이어지기도 하였다.

두 번째 이미지는 〈가계동향조사〉라는 정부 데이터에 근거하고 있다. 이 데이터 분석 결과가 다양한 국제기구에서 한국의 불평등을 논의할 때 사용하는 데이터이다. 〈가계동향조사〉의 역사를 살펴보면, 국내외에서 사용된 불평등 지표가 얼마나 문제가 많은지를 쉽게 이해할 수 있다. 그리고 문제가 많은 데이터에 기초하여 이루어진 많은 논의들이 얼마나 위험한 정치적 논의로 귀결되는지를 확인할 필요가 있다. 〈가계동향조사〉는 1954년 한국은행이 서울 근로자 200가구를 대상으로 소비자 물가를 측정하기 위하여 시작한 조사였다. 전쟁 직후 서울에 거주하는 200가구를 조사하여 소비자 물가를 측정한 것이다. 1963년 전국 도시 2인 이상의 근로자 1,700가구를 대상으로 가계지출을 조사하기 시작하면서, 가계지출조사로 조사의 성격이 바뀌었다. 1969년에 도시 2인 이상 근로자 가구소득 조사로 본격적으로 가구소득조사가 이루어지기 시작하였다. 여기에서 농촌이 빠졌고, 1인 가구가 빠졌다. 1990년에는 도시 2인 이상 근로자 가구 5,500가구로 표본의 크기를 늘려서 지니계수를 작성하기 시작했다. 민주화가 시작되고, 노동운동이 크게 활성화된 시기였다. 2003년에는 도시 이외에 읍면동을 포함한 2인 이상의 가구 7,500가구를 조사대상으로 하였다. 2003년도에 읍면동이 포함되었지만, 1인 가구가 빠졌기 때문에, 극빈층이 빠진 표본을 분석하여 지니계수가 추정되었다. 2006년 전국의 전체 가구를 대상으로 하고 또한 1인 가구를 포함하여 총 8,200가구의 소득, 지출, 소득분배 지표를 작성하기 시작하였다. 2006년 조사부터 실질적으로 한국의 불평등을 논의할 수 있다. 자료가 만들어진 셈이다. 산업화 시기 1960년대부터 1990년대까지 실질적으로 도시 2인 가구만을 대상으로 한 소득이 파악되었다.

위와 같은 이유로 정확한 통계는 2006년부터 작성되기 시작했다. 그러므로 그 이전의 자료들은 그다지 정확하지 않은 통계라는 점을 먼저 이해할 필요가 있다. 부정확한 통계치를 가지고서라도 불평등의 추이를 추정하는 것은 가능하다. 왜냐하면 불평등 추이가 매우 뚜렷한 양상을 보여주고 있기 때문이다. 그러나 대강의 추이를 추적할 수는 있지만, 다른 나라와의 비교는 여전히 불가능하다.

가장 신뢰할만하고 또한 다른 나라와 비교 가능한 통계치는 2010년부터 통계청이 수집하기 시작한 〈가계금융복지패널조사〉

이다. 이 조사는 2008년 세계금융위기 이후 소득뿐만 아니라 부채 상황을 파악하기 위한 대규모 조사였다. 〈가계동향조사〉의 2배 정도의 표본을 조사하여 지역별 소득과 부채의 상황을 파악할 수 있는 조사라는 점에서 정부도 2015년부터 국제기구에 〈가계금융복지패널조사〉를 이용하여 불평등과 빈곤율을 보고하고 있다. 대표적으로 OECD 자료에는 바로 〈가계금융복지패널조사〉 결과가 보고되어 있다. 이 조사 자료는 자산에 대한 정보도 포함되어 있어서, 소득, 자산, 부채의 변화를 추적할 수 있는 양질의 자료이다. 한 가지 덧붙일 점은 소득이나 자산의 경우, 조사에서 응답자가 부정확한 대답을 할 가능성이 매우 높다. 정확하게 소득이나 자산을 파악하기 힘들기 때문이다. 이러한 문제를 해결하기 위하여, 국세청으로부터 개인 소득과 자산에 관한 자료를 받아서 〈가계금융복지패널조사〉 자료를 보완하고 있어서, 상당히 신뢰할 만한 자료라고 볼 수 있다.

한국의 불평등은 북유럽형, 유럽대륙형, 아메리카형(남북미 아메리카), 아시아형으로 분류할 수 있다. 북유럽형은 지니계수 .25 내외를 보이며, 유럽대륙형은 .25~.29를 보이며, 아메리카 형은 .4를 넘는 수준을 보인다. 아시아형은 .30 내외를 보이고 있어, 상대적으로 불평등이 심한 편이다. 한국은 .35 정도를 보이고 있다. 미국이 .39로 선진 자본주의 사회에서 가장 불평등이 심한 상태를 보이고 있다. 대규모 슬럼지역이 도심 내 형성되어 있고, 승자독식의 원리가 지배적인 시장자본주의 사회라는 점에서 남미보다는 나지만, 불평등은 대단히 높은 수준을 보이고 있다. 한국은 유럽보다는 미국에 더 가까운 불평등한 소득분배를 보이고 있다.

불평등과 같이 많이 사용되는 개념이 격차이다. 격차는 집단 간 격차를 의미하며, 소득 상층과 하층 간의 격차나 남성과 여성 간의 격차를 불평등과 같은 개념으로 사용한다. 그러나 격차는 불평등과 다르다. 집단 간 격차는 집단 간 평균 소득의 차이를 의미하며, 보통 상위 10%의 소득과 하위 10%의 소득 격차는 P90/P10으로 측정된다. 2017년 전후로 미국이 6.2, 멕시코 5.8, 한국 5.5, 일본 5.2로 격차가 큰 경우에 속하고, 독일 3.6, 스웨덴 3.2, 핀란드 3.1, 덴마크 3으로 격차가 적은 경우에 속한다. 한국은 지니계수로 측정한 소득 불평등이나 상위소득 10%와 하위 소득 10%의 격차로 측정한 소득 격차가 모두 높은 국가에 속한다. P90/P10 격차는 최상승과 최하층 간의 비교라는 점에서 빈부격차라고 볼 수 있다.

〈표 1〉 최상층 10%와 최하층 10%의 소득 격차(P90/P10)(2018)

한국	일본	미국	멕시코	영국	독일	프랑스	스웨덴	핀란드	덴마크
5.5	5.2	6.2	5.8	4.5	3.6	3.5	3.2	3.1	3.0

자료: OECD.Stat.

<표 2> 빈곤율

	~6	07	08	09	10	11	12	13	14	15	16	17	18	19	20
가	.143	.148	.152	.153	.149	.152	.146								
금										.157	.176	.173	.167		

자료: OECD.Stat.

<표 2>에서 볼 수 있듯이, 한국은 빈곤율도 매우 높아서, 전체 가구의 1/6~1/7 정도가 빈곤층에 혹한다고 볼 수 있다. 이것은 6가구나 7가구 중 한 가구가 빈곤가구라는 것을 의미한다. 빈곤은 중위소득의 50% 이하의 소득이며, 2020년 월소득 147만 원 이하의 소득을 올리는 가구가 여기에 속한다(균등화 가구소득으로는 116만 원 정도에 해당).

그렇다면, 부자는 어떠한가? 누가 부자인가? 보통 사람들은 다른 사람의 소득을 잘 알지 못한다. 주택이나 소비를 중심으로 부자와 부자가 아닌 사람을 구분한다. 부잣집이나 부자 동네라는 표현은 모두 주거나 주거지역을 중심으로 부자들에 관한 논의하고 있다는 것을 보여 준다. 요즘에는 아파트 가격이 높은 곳이 부자 동네로 꼽힌다. 강남구가 부자들이 사는 지역으로 인식되는 것은 아파트 가격이 높기 때문이다. 주택은 재산에 속하는 것이고, 값비싼 아파트를 매입하는 것은 소득이 많아야 가능하기 때문에, 소득과 재산은 불가분의 관계를 지닌 것으로 생각한다. 소득은 보통 근로소득 즉 일을 해서 얻는 소득으로 대부

분의 경우, 임금소득을 얻는다. 그러나 금융자산이나 건물 임대를 통해서 얻는 소득도 급격히 늘고 있다. 재산소득이 1000만 원 이상인 경우는 2019년 전체 가구 중에서 9.39%였다. 재산소득이 월 400만 원 이상인 경우는 전체 가구 중 1.4%에 불과하였다. 청소년들이 미래에 되고 싶은 것이 건물주라고 하여, "조물주 위에 건물주"라는 말도 유행하였지만, 극히 소수의 가구가 임대소득을 포함한 재산소득을 누리고 있다고 볼 수 있다. 1대 99사회의 현실이 마치 한국 사회의 대세인 것처럼 대중적인 담론이 만들어진 결과라고 볼 수 있다.

자산 불평등은 소득불평등보다 훨씬 더 심하다. 모든 OECD 회원국들에서 하위 40%의 자산 점유율은 전체 자산의 10%도 되지 않았다(〈표 4〉 참조). 상위 1%의 자산 점유비율은 미국에서 가장 높아서 무려 42.5%로 나타났다. 그다음이 네덜란드, 오스트리아와 독일 순으로 각각 27.8%, 25.5%, 23.7%로 나타났다. 극심한 자산 불평등은 모든 국가들에서 공통적으로 나타나는 현상이지만, 그 정도는 국가별로 대단히 큰 편차를 보이고 있다. 한국의 자산불평등은 다른 나라에 비해서 특별히 더 심하다고 볼 수는 없다. OECD 자료는 아파트 가격 폭등이 일어나기 전인 2015년 자료이고, 2019년 한국 자료(괄호 안 숫자)를 추가하였지만, 한국의 자산불평등은 2020-2021년에 크게 높아졌기 때문에 〈표 3〉이 현재 상태를 충분히 반영하고 있지는 않다.

<표 3> OECD 자산 불평등(2015년 혹은 가장 최근 자료)

	Bottom 40% share	Bottom 60% share	Top 10% share	Top 5% share	Top 1% share
Australia	4.9	16.5	46.5	33.5	15.0
Austria	1.0	8.0	55.6	43.5	25.5
Belgium	5.7	19.0	42.5	29.7	12.1
Canada	3.4	12.4	51.1	37.0	16.7
Chile	0.0	8.5	57.7	42.7	17.4
Denmark	-8.6	-3.9	64.0	47.3	23.6
Estonia	3.8	12.8	55.7	43.2	21.2
Finland	2.2	13.6	45.2	31.4	13.3
France	2.7	12.1	50.6	37.3	18.6
Germany	0.5	6.5	59.8	46.3	23.7
Greece	5.3	17.9	42.4	28.8	9.2
Hungary	5.0	15.4	48.5	35.6	17.2
Ireland	-2.1	7.2	53.8	37.7	14.2
Italy	4.5	17.3	42.8	29.7	11.7
Japan	5.3	17.7	41.0	27.7	10.8
Korea	6.0 (6.0)	17.7 (17.2)	..(44.3)	..(30.7)	..(11.9)
Latvia	0.0	7.1	63.4	49.1	21.4
Luxembourg	3.9	15.3	48.7	36.3	18.8
Netherlands	-6.9	-4.0	68.3	52.5	27.8
New Zealand	3.1	12.3	52.9	39.7	..
Norway	-3.0	7.3	51.5	37.8	20.1
Poland	6.2	18.3	41.8	29.0	11.7
Portugal	3.2	12.4	52.1	36.5	14.4
Slovak Republic	10.6	25.9	34.3	23.0	9.3
Slovenia	5.6	17.3	48.6	37.9	23.0
Spain	6.9	18.7	45.6	33.3	16.3
United Kingdom	3.4	12.1	52.5	38.8	20.5
United States	-0.1	2.4	79.5	68.0	42.5

Note: ".." refers to non-available data.
Source: OECD Wealth Distribution Database, oe.cd/wealth.

참고: 괄호 안 숫자는 2020년 한국 가계금융복지패널조사 분석 결과로 2019년 가계자산 상황을 보여줌 (자료: Carlotta Balestra and Richard Tonkin(2018) Inequalities in household wealth across OECD countries: Evidence from the OECD Wealth Distribution Database, OECD SDD?DOC(2018), p. 15.)

<표 3>에서 하위 40%의 자산 점유율이 마이너스인 경우는 부채가 자산가치보다 더 크기 때문이다. 덴마크, 네덜란드, 노르웨이, 아일랜드 등에서 하위 40%의 부채가 자산가치보다 더 큰 것으로 나타났다. 하위 60%의 점유율도 미국처럼 극단적인 수

준을 보여주고 있지는 않다. 미국은 하위 60%의 자산 점유율이 2.3%에 불과하여 극단적인 양극화 수준을 보여준다. 한국에서 하위 60%의 자산 점유율은 17.1%로 OECD 다른 나라들보다 더 심하다고 평가하기는 어렵다.

그러나 한국은 소득과 자산과의 상관관계가 높아, 소득과 자산 두 차원에서 소득이 높고, 자산이 많은 사람들과 소득이 낮고 자산이 적은 사람들이 몰려 있는 양상을 보여주고 있다. 즉, 양극화의 양상을 보여주고 있다.

<그림 1> 소득 분위와 자산 분위가 같은 가구의 비율

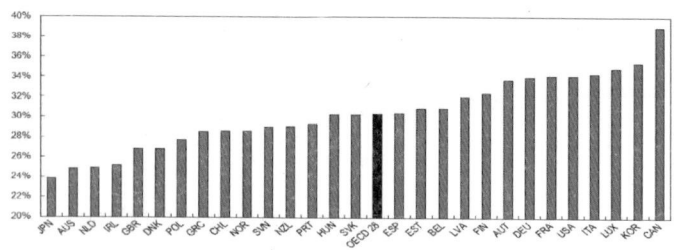

자료: Carlotta Balestra and Richard Tonkin(2018) Inequalities in household wealth across OECD countries: Evidence from the OECD Wealth Distribution Database, OECD SDD?DOC(2018), p.25.

<그림 1>은 소득분포 분위와 자산분포 분위가 일치하는 가구의 비율을 보여주고 있다. 이 비율이 높을수록 소득과 자산의 상관관계가 높다는 것을 의미한다. 다시 말해서, 고소득가 고자

산가이며, 저소득자가 저자산가인 비율이 높은 사회라는 것을 의미한다.

1. 누가 왜 빈곤한가?

현대 자본주의 사회는 불평등한 사회이다. 현실적인 의미에서 불평등도 중요한 이슈이지만, 빈곤 문제가 더 시급한 해결 과제이다. 빈곤층은 경제적으로 어려울 뿐만 아니라 정신적으로 또한 육체적으로 어려운 삶에서 벗어나기 힘들기 때문이다.

2020년 가계금융복지패널 조사 분석을 통해서, 현재 한국의 빈곤에 영향을 미치는 몇 가지 요소들을 확인할 수 있다. 먼저 가구주가 여성일수록, 교육수준이 낮을수록, 고령층일수록, 비정규직일수록 빈곤층에 속할 가능성이 높게 나타났다. 가구주가 여성일 때 빈곤층에 속할 가능성은 남성 가구주 가구보다 1.27배 높게 나타났고, 중졸 이하의 학력은 대졸자에 비해서 빈곤층에 속할 가능성이 1.83배 더 높게 나타났다. 고졸자도 대졸자에 비해서 빈곤층에 속할 가능성이 1.36배 더 높았다. 이것은 학력이 한국사회에서 경제 상태에 영향을 미치는 중요한 요인이라는 점을 보여준다. 연령도 대단히 중요하여, 경제활동이 어려운 65세 이상의 경우 65세 이하보다 2.09배 빈곤층에 속할 가능성이 더 높았다. 1인 가구가 2인 가구보다 빈곤층에 속할 가능성도

1.52배 높았다. 외환위기 이후 계속 사회적인 문제가 되고 있는 비정규직과 관련하여, 비정규직 종사자는 정규직 종사자보다 2.29배 빈곤층에 속할 가능성이 더 높았다. 자영업자인 경우에도 정규직 피고용자에 비해서 빈곤층에 속할 가능성이 2.09배나 더 높게 나타났다. 이것은 경제활동과 관련된 계급과 고용형태가 빈곤에 영향을 미치고 있음을 보여준다. 종합하면, 한국 사회에서 빈곤의 늪에 빠질 수 있는 몇 가지 집단을 확인할 수 있다. 경제활동을 할 수 없는 노인들의 경우, 여성 저학력 1인 가구가 빈곤 가구가 될 가능성이 대단히 높다. 노인가구가 아닌 경우에는 가구주가 여성1인 가구이면서 실업인 경우이거나 취업을 한 경우에도 여성 저학력 비정규직 1인 가구인 경우가 빈곤 가구가 될 가능성이 대단히 높았다.

다른 사회적인 요인들을 고려하지 않고, 인구학적인 요인인 성별과 나이만을 중심으로 빈곤율을 측정하면, 〈그림 2〉와 같은 분포가 나타난다. 30대 이후부터 빈곤율이 높아지며, 여성이 남성보다 빈곤율이 더 높게 타나 났다. 그리고 나이가 들수록 빈곤율을 가파르게 증가하여, 60대부터는 남성과 여성의 1/3 이상이 빈곤층이고, 70세 이상의 경우는 여성의 3/4, 남성의 2/3 정도가 빈곤층에 속했다. 극단적으로 높은 노인 빈곤층이 한국 전체 평균 빈곤율을 높이는 결과를 낳고 있다. 대체로 60세 이후의 경우, 절반 정도만이 일을 하고 있어서, 근로소득이 없는 경우가 많기 때문이다. 그리고 연금제도가 제대로 발달하지 못하여, 노후소득이 대단히 낮기 때문이다. 또한 사적 이전소득도 많지 않기 때문에 노인빈곤율은 OECD 최고 수준을 보이고 있다.

<그림 2> 성별 1인 가구 빈곤율 (2019)

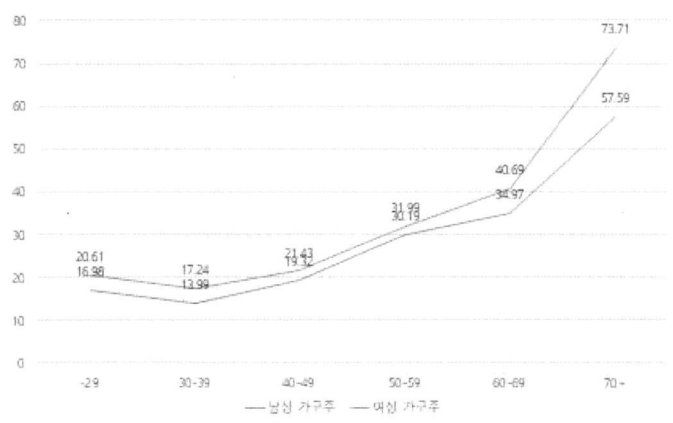

자료: 통계청(2020), 2020 가계금융복지패널조사 원자료 필자 분석

2. 한국의 부채 문제

최근 영끌(영혼까지 끌어 모은다.)이라는 신조어가 말해주듯, 아파트 청약이나 매입을 위해 빚을 지는 사람들이 늘었다. 대출이

자율이 낮아지면서, 대출을 통한 사업자금이나 주택자금을 마련하는 일이 크게 증가한 것으로 나타났다. 영세자영업자들은 매출 하락에 따른 사업장 유지를 위해서 대출을 하는 경우도 크게 늘어났다. 이러한 추세는 일부 매체의 선정적인 보도도 있지만, 현실과 부합하는 현상이라고 볼 수 있다.

<표 4> 부채액 추이와 부채/자산 비율 추이(2017-2020)

	2017	2018	2019	2020
부채액(전체)	7,099	7,668	7,910	8,256
(29세 이하)	2,393	2,591	3,197	4,479
(30~39세)	6,920	8,080	8,915	10,082
부채/자산(전체)	18.4	18.2	18.3	18.5
(29세 이하)	24.2	26.2	29.1	32.5
(30~39세)	24.0	25.7	27.3	28.4

<표 4>에서 볼 수 있듯이, 청년들의 부채/자산 비율이 다른 연령 세대에 비해서 높게 나타났고 또한 2017년 이후 지속적인 증가 추세를 보였다. 특히 29세 이하의 청년들의 부채액은 2017년 2,393만원에서 2020년 3,479만원으로 증가했고, 자산 대비 부채 비율도 2017년 24.2%에서 2020년 32.5%로 8.3%포인트 높아졌다. 30~39세 청년들의 경우도 부채액이 2017년 6,920만원에서 2020년 10,082만원으로 3,162만원 증가하였고, 자산 대비 부채비율도 24.0%에서 28.4%로 4.4% 포인트 높아졌

다. 전체적으로는 부채/자산 비율은 2017년 18.4%에서 2020년 18.5%로 크게 늘어나지는 않았다. 그러므로 청년층에서 부채를 통한 주택 마련이 수도권에서 열기를 띠면서 이러한 영끌 현상이 나타났다고 볼 수 있다. 자산 대비 부채 비율의 증가는 29세 이하 청년들에게서 가장 가파르게 이루어졌고, 40대에서는 같은 기간 1.6% 증가에 그쳤으며, 그 이상의 세대에서는 오히려 줄어들었다.

현대 금융자본주의 시대에 부채는 두 가지 의미를 지닌다. 하나는 부채가 개인이나 가구의 능력과 관련이 있다는 점이다. 신용이나 자산을 바탕으로 대출을 받는 것이기 때문에, 소득이 높거나 자산이 많은 사람들이 더 많은 금융을 이용한다. 〈표 5〉는 최상위 20%의 부채가 최하위 20%의 부채보다 10대 이상 더 많은 것을 보여준다. 금융기관에서 대출을 받을 수 있다는 것은 그 만큼 더 많은 자원을 활용할 수 있다는 것을 말해준다.

〈표 5〉 소득분위별 부채비율 및 부채액 (%, 만원)

	1분위 (하위20%)	2분위	3분위	4분위	5분위 (상위 20%)
부채유무	28.94	56.47	69.87	75.32	78.96
부채액	752.42	4055.95	6850.63	9974.75	8645.21
비율 (부채/소득)	.9669	2.1826	1.7452	1.8407	1.6792
비율 (부채/자산)	3.3126	4.8335	.3036	.2464	.2002

빈곤층은 생활과 관련하여 어려움이 닥쳤을 때, 활용할 수 있는 수단이 별로 없다. 소득이 낮고, 자산이 적기 때문에 은행 대출을 받기 힘들다. 이것은 소득이 낮은 집단일수록, 사회적 위험에 대처할 수 있는 수단이 더 미약하다는 것을 함의한다. 부채 유무의 큰 격차는 바로 이러한 점을 잘 보여주고 있다.

부채의 또 다른 측면으로, 부채는 정해진 기간 내에 상환해야 경제적 부담이다. 부채와 관련하여 변화가 생기는 경우(이자율 상승, 지불능력 상실 등)에는 채무자의 책임을 다할 수 없는 상황이 발생하기 때문에, 더 큰 위험에 빠질 수 있다. 개인파산이나 기업도산으로 이어질 수 있기 때문이다. 그러므로 부채는 기회이자 또한 잠재적인 위험이다. 위험성은 소득 대비 부채 비율이나 자산 대비 부채 비율을 통해서 추정할 수 있다. 고소득 계층에서 위험성은 매우 낮고, 저소득 계층에서 위험성은 높게 나타났다. 2019년 현재 한국사회에서 소득 대비 부채 비율과 자산 대비 부채 비율은 소득 2분위에서 4.8335로 가장 높게 나타났다. 한국 사회에서는 차상위 빈곤층에 속하는 2분위가 금융과 관련하여 가장 위험한 상황에 노출되어 있다고 말할 수 있다. 그다음으로 최하층도 자산 대비 부채의 비율이 3.3126으로 대단히 높은 수준이다. 이것은 부채액이 적더라도 부채를 감당할 능력이 취약하기 때문에 빈곤층이 더 빈곤해질 수 있다는 것을 의미한다.

<표 6> 연령별 소득 대비 부채 비율과 자산 대비 부채 비율(2019)

	-29	30-39	40-49	50-59	60-69	70-79	80+
부채/소득	1.1144	1.3919	2.2116	1.6832	1.9849	1.1640	.8645
부채/재산	.3743	.3812	4.5346	1.3501	2.4999	.8475	.5450

<표 6>에서 보듯, 연령별로는 "영끌"을 하고 있는 청년세대가 아니라 중년세대라고 볼 수 있는 40대에서 가장 높은 금융 위험성이 나타나고 있다. 소득 대비 부채 비율과 자산 대비 부채 비율이 가장 높은 연령 세대가 40대인 것으로 나타났다. 그 다음이 60대이다. 이것은 생애주기와 관련되어 있다. 대체로 한국의 40대는 직업 활동을 통하여 주택을 마련하고자 노력하는 세대이며 자녀들이 학업을 시작하는 시기이기 때문에 주거 안정을 찾고자 하는 세대이다. 한국의 60대는 대체로 자녀들이 결혼을 하는 세대이다. 결혼하는 자녀의 주택이나 혼수와 관련하여 경제적으로 많은 자원이 소요되는 시기이다. 노인 빈곤율이 높아지는 이 시기에 부모로서의 역할을 하기 위해 경제적으로 무리한 상황을 경험하게 된다. 자신들의 노후 준비가 되어 있지 않은 많은 노인들이 이후에 빈곤에 내몰리게 되는 현실을 고려할 때, 한국의 60대는 아이러니한 상황에 놓이게 된다.

3. 무엇을 어떻게 할 것인가?

 불평등 심화와 빈곤 확대가 갑자기 나타난 것은 아니다. 역사적으로 누적된 제도와 경제구조의 산물이다. 산업자본주의 발전과정이 나라마다 다르기 때문에, 경제구조와 제도도 매우 다양한 양상을 보이고 있다. 한국은 국가주도 산업화를 경험하였다. 경제성장을 추구하면서 정부는 대기업을 산업화의 하위 파트너로 하여 지원과 동시에 국가가 요구하는 투자와 경영을 하도록 했다. 정부가 1963-1996년까지 7차에 걸친 경제개발5개년 계획을 통해서 산업구조를 바꾸고, 수출을 장려하면서 국가가 주도 산업화가 이루어졌다. 그리고 수출은 대기업을 중심으로 이루어져, 정부-대기업 동맹관계가 강하게 형성되었다. 정부는 수출목표를 정하고 이를 달성한 기업에게 세금감면이나 금융지원을 해주어 대기업이 단기간에 글로벌 기업으로 성장할 수 있었다.

 노동시장에서 임금격차가 확대되기 시작한 것은 1980년대로, 기업규모에 따른 임금격차가 커지면서 대학 교육을 마친 청년들의 직장 선택과 관련이 있다. 경제력 집중이 이루어지면서 재벌기업에서 일하는 노동자들과 일반 중소기업에서 일하는 노동자들 사이의 임금격차가 지속적으로 커졌다. 국가가 제공하는 복지혜택이 거의 없는 상태에서 대기업은 종업원들에게 높을 임금을 제공할 뿐만 아니라 기업복지를 제공하여 임금 이외의 다양한 혜택을 제공하였다. 재벌 기업들이 일본 기업의 경영방식을 받아들여 기업복지가 이들 기업에서 발달하였다. 기업복지는 의료보험 및 치료비 지원, 자녀 대학등록금 지원, 경조사 지원, 교통 및 식비 지원, 휴가 및 민간 보험료 지원, 퇴직금 등 다양한 내용의 지원을 포함하고 있다.

국가복지가 외환위기 이후 강화되고 있지만, 아직 기업복지 수준의 혜택을 전 국민에 제공하지 못하고 있다. 모든 국민들을 대상으로 제공되는 국가복지의 수준을 현행 주요 기업들의 기업복지 수준까지 높인다는 것을 장기적인 목표로 세울 수 있을 것이다. 그만큼 기업복지는 포괄적이고 수준이 높았다. 이럴 경우, 많은 유럽 국가들에서 실시되고 있는 고등교육까지 복지에 포함시키는 것을 포함한다. 또한 영유아 보육과 교육이 점점 더 중요해지고 있기 때문에, 영유아 보육과 교육까지 공보육과 공교육이 영역으로 제도화하는 것이 필요하다.

빈곤문제를 해결하기 위해서는 보다 단기적이고 구체적인 정책이 필요하다. 하나는 공적이전소득을 통한 지원이다. 공적이전소득은 국가가 현금으로 빈곤한 상태에 있는 가구를 지원하는 것이다. 기존의 자산조사(means-test)를 통한 이전소득보다는 소득에 기반 한 이전소득 결정이 더 효율적이다(행정데이터 기반).

또한 아동기본소득제를 도입하여 전체 아동을 대상으로 기본소득을 제공하여, 아동빈곤 문제를 해소한다. 아동 빈곤은 아동의 교육과 건강에 악영향을 끼쳐서 청년기 경제활동에도 부정적인 영향을 미친다. 그리고 그것은 장년기와 노년기로 이어져 전 생애과정에서 박탈된 삶을 피하기 어렵게 된다. 심각한 노인빈곤의 문제도 또 다른 생애과정의 문제이다. 소득이 없거나 낮은 노인들이 많기 때문에, 노인빈곤은 노인 당사자뿐만 아니라 자녀들과 사회의 문제로 대두되었다.

다른 하나는 공공서비스이다. 생애과정에서 맞벌이 부부가 늘어나고 있고, 양육과 돌봄의 어려움을 출산을 기피하는 경향이 강하게 나타나고 있다. 또한 국가 차원의 노인 돌봄이 제대로 이루어지지 못하여 자녀들이 노인을 돌보는 경우가 많고, 그렇지 않은 경우 노인들이 양노원이나 요양병원에 거주하면서 간병인의 도움을 받는 방식으로 노인 돌봄이 이루어지고 있다. 아동 양육서비스와 노인 요양서비스의 수준을 높이고, 서비스의 만족도를 높이기 위하여 서비스의 질을 제고하는 것이 필요하다.(국공립 어린이집과 유치원이 민간 어린이 집이나 유치원보다 선호되고 있는 것은 서비스 제공자들의 서비스 수준이 높고 신뢰를 주기 때문이다)

불평등과 빈곤 문제를 동시에 해결하기 위한 공공서비스는 적극적 노동시장 정책을 통한 고용서비스이다. 실업자나 이직을 원하는 사람들을 대상으로 직업훈련, 재교육, 일자리-구직자 알선 등을 공공기관이 수행해야 한다. 실업자의 빈곤율이 가장 높게 나타났고, 실업자를 대상으로 한 급여도 기간이 상대적으로

짧다.

　한국의 40대와 60대를 어려운 상황으로 내모는 문제는 주택 문제이다. 싱가포르처럼 주택을 국가가 제공하는 과감한 주택 정책의 전환을 할 때가 되었다. 싱가포르는 주택개발부(Housing and Development Board)가 싱가포르 주택의 80%를 공급하고 있다. 주택개발청이 아파트를 건설하여 99년 임대로 개인들에게 분양한다. 보편적 주택 소유를 주택 정책이념으로 내세워 임대 주택의 비율은 6%정도 불과하다. 다른 사회복지는 발달하지 않은 반면에, 주거복지는 확실하게 보장하여, 주택 문제를 해결하였다. 많은 싱가포르 시민들이 연금을 주택 구입에 사용하면서, 연금은 낮지만, 주거에 있어서 형평을 보장하는 주거 정책이 실시되고 있다.

　이러한 복지재원을 마련하기 위하여 세제 개편이 요구된다. 한국의 담세율은 복지 수준이 낮고 불평등이 극심한 대표적인 나라인 미국처럼 낮은 수준이다. 세수를 통한 복지재원 마련을 위해서는 부유층 세율을 높이는 것이 우선적으로 필요하다. 또한 디지털세를 도입하여 플랫폼 노동을 이용하여 부를 축적하는 플랫폼 기업 과세도 필요하다. 최상층의 소득은 경제성장률 이상으로 계속 증가하고 있기 때문에, 최상층 소득에 대한 과세율을 높여, 근로빈곤층과 비근로 빈곤층 지원에 필요한 재원을 확보하는 것이 중요한 과제이다.

코로나 이후 불평등 해소 정책의 과제

/ 조흥식
사회복지공동모금회 회장

1. 불평등 실태

세계의 경제 질서를 살펴보면 1980년대 이전까지는 산업자본주의 시대로 구분할 수 있고, 1980년 후반부터는 미국의 레이건 정부와 영국의 대처 정부를 중심으로 한 신자유주의 시대로 볼 수 있다. 그리고 그 때로부터 현재까지 40년 동안 전 세계적으로 심화되어 가고 있는 불평등에 대해서 우리는 주목해야 한다. 제4차 산업혁명에 의한 영향이 있다고 하더라도 고용 없는 성장은 어떤 점에서는 불평등의 구조와 그 맥락을 같이 한다. 분명히 경제는 성장하고 있고, 국가들은 발전하고 있지만 사람 사이의 불평등 격차는 벌어지고, 개개인의 행복 지수는 훨씬 더 떨어지고 있는 현상을 우리는 목격하고 있다 .

지난 2021년 7월, UN무역개발회의(UNCTAD)는 대한민국을 소위 개발도상국 그룹에서 선진국 그룹으로 지위를 공식 변경시키며 국제 사회에서의 자리매김을 분명하게 해준 일이 있었다. G7으로 대표되는 선진국 외에도 UN무역개발회의에서 선정한 32개국 B그룹을 선진국으로 분류하는데 이제 우리나라도 그 32개국에 속하게 된 것이다. 선진국은 빈부 격차의 문제가 나아지는 것 즉, 지니계수[12]가 떨어지고 있다는 것을 그 특징으로 한다. 대부분의 국가에서는 사회보장제도, 소득보장제도, 사회서비스 도입과 발전 을 통해 빈곤과 불평등의 문제를 해결하려고 한다. 사회적으로 발생하는 여러 다양한 문제들을 개인이나 가정이 부담하도록 두지 않고 사회 및 국가가 부담하며 책임져야 한다는 것에 대해 충분한 사회적 인정이 일어나고 있고 그것이 국가 정책을 통해 드러나고 있다. 이렇듯 공동체적인 사고와 흐름이 국가의 한 체제로서 바탕이 되어 선진국의 특징에 부합하도록 발전되어야 하는데, 한국은 경제적인 차원에서는 선진국일지 몰라도 공동체적 의식이나 주거 실태 등 사회문화적 차원으로 볼 때는 아직 부족한 부분이 많다. IMF에 따르면 지난 몇 년 동안 우리나라는 국내총생산이 세계 10위권 내에 들었다. 오늘날 선진국 지위에 자리매김하기까지 지난 60여 년 동안 경제적

---

12) 빈부격차와 계층간 소득의 불균형 정도를 나타내는 수치로, 소득이 어느 정도 균등하게 분배되는지를 알려준다. 지니계수는 0부터 1까지의 수치로 표현되는데, 값이 '0'(완전평등)에 가까울수록 평등하고 '1'(완전불평등)에 근접할수록 불평등하다는 것을 나타낸다.

차원에서의 성장이 주로 이루어져 왔다면, 이제는 분배의 차원에서 우리나라가 넘어서고 깨야 할 부분이 무엇인지 살펴야할 때이다. 현대 사회에서의 불평등은 경제체제의 효과 및 효율성을 저해시키고 이로 인해 저성장을 유발시키며, 또한 민주주의 사회에 갈등과 위기를 초래하는 요소[13]가 된다. 자본과 자산에 유착된 불평등은 세대를 통해 상속되어 흔히 이야기하는 금수저, 흙수저의 형태를 만들어냈고, 결국 사람들의 삶의 질을 저해하게 된다[14]. 대한민국은 이제 명실상부한 선진국으로서 성장 자체에 주목하기보다 분배의 불평등에 관한 문제에 더욱 관심을 가져야 한다.

현대의 자본주의는 신자유주의에서 금융자본주의로 완전히 속성이 바뀌었다. 오늘날 급여의 형태를 통해 그것을 확인할 수 있다. 1997년 IMF 이전에는 거의 완전고용이 이루어졌고, 사장과 신입사원의 급여 차이가 12배 이상을 넘지 않았다. 하지만 지금은 어떠한가? 삼성전자가 여러 산업에 걸쳐 막대한 수익을 올려도 그 수익은 직원과 노동자들에게 돌아가는 것이 아니라 주식을 많이 가지고 있는 소유주나 외국에 더 많이 이익이 돌아가고 있는 현실이다. 노동자의 급여와 주주의 배당이익 차이가 100배가 넘는 대기업들이 매우 많다. 넷플릭스와 같은 플랫폼

---

13) Stiglitz, 2012
14) Piketty, 2013

기업들도 시대를 타고 자본을 쓸어 담고 있다. 이러한 형태는 일종의 투자이다. 금융자본주의의 아킬레스건을 이용해 돈이 돈을 먹도록 하는 구조가 만들어지게 된 것이다. 이러한 현실이 40년 가까이 되어가고 있지만 신자유주의, 금융자본주의가 살아 있고 우리가 그 안에 살아가는 한 이러한 문제는 계속될 수밖에 없을 것이다.

'산업의 불평등' → '고용의 불평등' → '소득 및 자산, 금융의 불평등'
→ '건강/교육/주거/돌봄의 불평등' → '불평등의 대물림' 초래

4차 산업의 과학기술의 발달 또한 우리 사회의 새로운 불평등의 요소라고 볼 수 있다. 고급 지식과 기술이 갖춰져 있지 않은 소상공인 및 자영업자의 비중이 점차 증가하고 있으며, 청년 고용의 문제 및 디지털 기업의 성장에 반해 플랫폼 저임금 노동자의 증가로 인한 고용 불평등이 심화되는 것이다. 대체적으로 산업의 불평등은 고용의 불평등과 연결되고, 고용의 불평등은 소득과 자산, 금융의 불평등과 연결된다. 그리고 이는 재생산을 책임지는 건강, 교육, 주거, 돌봄의 불평등으로도 이어지며, 결국 불평등이 세대 간 대물림이라는 악순환의 구조를 초래한다. 전 세계가 금융자본주의에서 공동체 자본주의로 전환하는 획기적인 방법이 아니고서는 이러한 불평등의 고리를 당장 끊고 해결하는 것은 쉽게 길이 보이지 않는 문제이다.

예전에는 생산과 성장이 잘 이루어지면 저절로 분배가 잘 될 것이라고 생각했다. 즉 흔히들 말하는 '낙수효과'가 작동할 것이라고 여긴 것이다. 하지만 현실은 그렇지 않았다. 분배가 이루어지지 않고 한 사람이 많이 가져가는 구조가 되면 지니계수는 완전불평등을 나타내는 1에 가까워진다. 보통 우리나라 지니계수가 낮다고 이야기하는데 0.34가 조금 넘는다. 소득이 아닌 자산으로 본다면 그 불평등 격차는 더욱 커진다. 정부가 세금 지원 등 공공부조제도를 통해 지니계수를 떨어뜨린다고 하더라도 0.1 가량 밖에 낮추지 못한다. 한국은 저부담·저복지 체제를 유지하고 있기 때문에 지금의 불평등 문제를 그대로 안고 갈 수밖에 없는 상황이다. 이미 2000년대부터 많은 경제학자들이 장기간 불평등은 결국 경제 성장에도 영향을 미칠 것이라고 말했다. 재분배가 되지 않고서는 성장이 이루어지지 않을 것이라는 이야기는 보수적인 경제학자들조차도 주장해 온 사실이다.

〈그림1〉은 장기간의 불평등이 경제성장에 미치는 부정적인 영향을 보여준다. 따라서 경제성장이 이루어지려면 분배의 기제가 잘 작동되는 것이 중요할 뿐만 아니라 매우 필요한 현실이다.

아래 그림 (a)는 재분배와 10년간 평균성장률의 관계, (b)는 소득불평등과 10년간 평균 성장률의 관계, (c)는 소득불평등과 성장지속기간의 관계를 나타낸 것이다.[15]

<그림1> 일인당소득(수직축)과 과거 30년간 평균지니계수(수평축)의 관계[16]

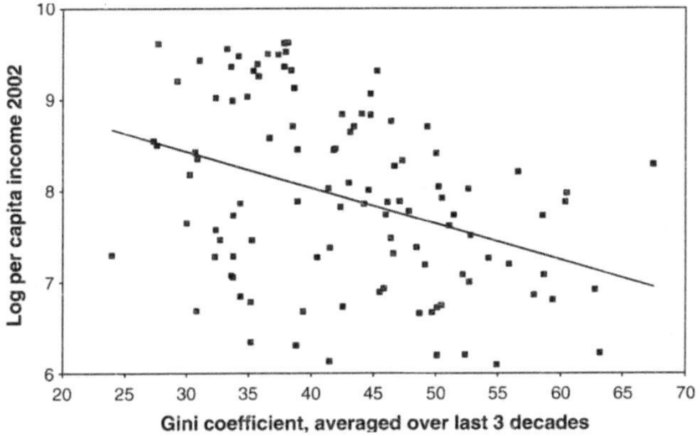

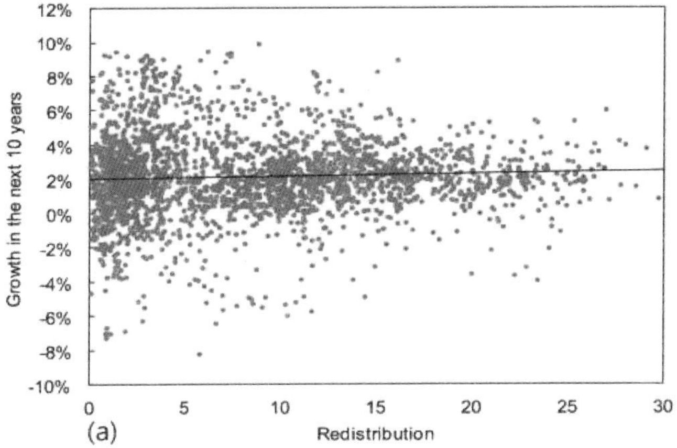

---

15) 자료: Ostry et al.(2014). Redistribution, Inequality, and Growth. (IMF Staff Discussion Note). IMF.
16) 자료: W. Easterly(2007). Inequality Does Cause Underdevelopment: Insights from a New Instrument. Journal of Development Economics 84(2):755-776.

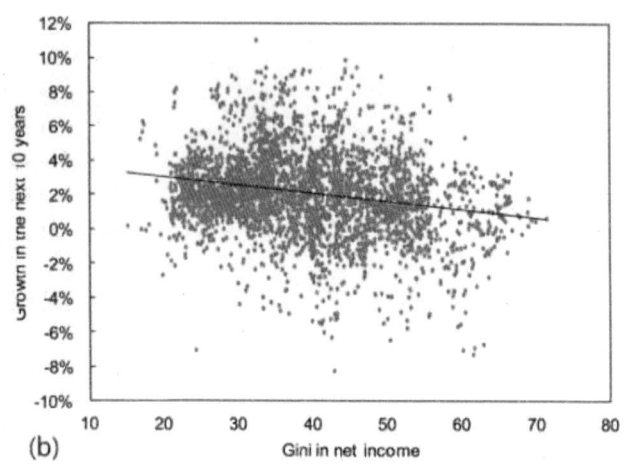

 (a)에서 보듯이, 재분배와 성장지속성 간에는 정(+)의 관계가 있다. 즉, 재분배 기능이 강할수록 성장이 더 오래 지속됨을 의미한다. 그리고 그림 (b), (c)에서 보듯이 성장 지속과 (재분배 후) 소득불평등 간에는 부(-)의 관계가 있다. 즉, 불평등이 낮을수록 성장은 더 오래 지속되고, 동일 재분배 조건 하에서도 소득불평등과 경제성장 및 성장지속성은 모두 부(-)의 관계로 나타난다.

 월드뱅크, IMF, OECD 등의 기구는 대부분 경제 문제에 대해 굉장히 보수적인 입장을 취하고 있다. 그럼에도 불구하고 이들이 대한민국에 여러 권고를 주고 있는 것은 우리나라의 불평등이 매우 심각하기 때문이다. 이미 알려져 있듯이 우리나라의 노인 빈곤율은 40%로 세계 1위를 차지하고 있다. 그런데 동시에 눈여겨봐야 할 것은 2위의 수치가 31%로, 우리나라와 격차가 꽤 떨어져 있다는 것이다. OECD 국가들의 평균 노인빈곤율은 20%정도이다. 대부분의 나라가 20%대에 머물고 있고, 심각해도 30% 수준인데 선진국이라고 하는 대한민국이 평균의 두 배를 웃도는 수치인 것을 어떻게 보아야 할 것인가.

(1) 소득 불평등

우리나라에서 빈곤층에게 주어지는 공공부조제도와 전체 국민의 수요를 살펴보자. 소득 불평등 수준을 측정하는 지표는 다음과 같다.

① 상대 빈곤율은 전체 인구의 중위소득을 기준으로 소득 수준이 중위소득의 50%에 미치지 못하는 인구의 비율.
② 소득 점유율은 전체 인구의 소득 총액에서 해당 분위 인구의 소득 총액이 차지하는 비율임. 상위 10%인 10분위 인구의 소득 점유율을 하위 10%인 1분위 인구의 소득 점유율로 나누어 10분위 배율을 측정함. 5분위 배율은 상위 20%인 10분위 인구의 소득 점유율을 하위 20%인 1분위 인구의 소득 점유율로 나눈 값.
③ 지니계수는 소득이 낮은 사람부터 높은 사람 순으로 나열하여 전체 인구의 누적 비율을 소득의 누적 비율로 나눈 값임. 0에 가까울수록 소득분배가 평등하고 1에 가까울수록 불평등.

④ 팔마 비율(Palma ratio)은 소득 상위 10% 인구의 소득 점유율을 하위 40% 인구의 소득 점유율로 나눈 값임. 세계은행 세계개발지표(World Development Indicators)의 130여 개 국가 자료를 분석한 결과, 상대적으로 5~9분위의 소득 점유율이 상대적으로 안정적으로 유지되는 데 비해 상위 10분위와 하위 1~4분위의 소득 점유율은 국가에 따라 상이한 것을 확인한 Palma(2011)에 근거를 두고 있음. 즉, 소득 변화가 비교적 강한 중간층 이외에 상대적으로 유동적인 고소득층과 저소득층의 소득을 비교하여 양극화 실태를 반영.

우선 국민 소득을 20%씩 5개인 5분위로 나눌 수가 있다. 10분위는 10%씩 10개로 나눈 것을 의미한다. 즉 소득이 제일 적은 층을 1분위, 소득이 제일 많은 층을 10분위라고 한다. 선진국들의 팔마비율을 분석해 보니 가장 유동성이 있는 집단이 고소득자인 10분위였다. 소득이 계속해서 증가하는 것이다. 그 다음이 유동성이 있는 집단은 하위 40%였다.

가) 코로나19 이전 10년 동안(2011년부터 2019년까지)의 소득불평등

〈그림2〉에서 보듯이, ① 상대적 빈곤율에 대한 소득재분배 효과는 2011년 5.1%에서 2012~2013년에 3.7%로 감소하였다가 2014년 7.1%로 증가한 이후 증가 추세를 보이며 2019년에는 21.6%에 이르렀다. ② 소득 10분위 배율에 대한 소득재분배 효과는 더 뚜렷하여 2011년 43.1%에서 2012년에 40.7%로 다소 감소하였다가 2013년 43.6%로 2011년 수준을 회복한 이후 계

속 증가하여 2019년에 67.0%에 이르게 된다. ③ 2010년대의 불평등에 대한 소득재분배 효과의 추세는 팔마 비율에서도 유사하게 나타나고 있다. 2011년 팔마 비율에 대한 소득재분배 효과는 15.1%였고 2012년 13.6%로 약간 감소하다가 2013년에 14.5%로 다시 증가한 이후 증가 추세를 유지하여 2019년에 30.2%로 늘어났다.

<그림2> 상대 빈곤율과 불평등 지표에 대한 소득재분배 효과[17]

상대 빈곤은 중위소득 50% 미만 기준임. 가구원 수의 루트값으로 균등화한 소득임. 처분가능소득 기준 빈곤 및 불평등 지표값과 시장소득 기준 지표값의 차이를 시장소득 기준 지표값으로 나눈 비율임. 가계금융복지조사를 원자료로 하여 통계청에서 발표하는 수치를 활용해 재정지원 효과는 저자 계산(단위%) (자료: 통계청 KOSIS. 소득분배지표)

결론적으로 코로나19 이전 10년 동안(2011년부터 2019년까지)의 소득 불평등을 지표로 보았을 때, 2010년대 시장소득 기준, 즉 노동시장에서의 1차 소득분배는 적극적으로 개선되기보다 유지

---

[17] 자료: 김성아(2021). 불평등, 지표로 보는 10년. <보건복지 Issue & Focus>. 409호. 한국보건사회연구원.

되거나(팔마 비율) 악화되었다(상대적 빈곤율, 10분위 배율). 그러나 처분가능소득 기준 불평등은 다양한 지표에서 완화되는 것으로 나타나 공적이전과 조세 정책을 통해 시장에서의 불평등을 완화하는 소득보장정책의 재분배 기능이 확대되고 있는 것을 볼 수 있다.

나) 코로나19 이후 소득불평등

〈표1〉에 있듯이, 코로나19 확산이 본격화된 2020년 1분기 공적이전의 5분위 배율 기준 불평등 완화 효과는 41.5%로 2019년 1분기 40.1%에 비해 1.4%포인트 증가했다. 전 국민 재난지원금 등 추경을 통한 긴급재난지원금이 본격적으로 지급되기 시작한 2020년 2분기 공적이전의 5분위 배율기준 불평등 완화 효과는 54.3%로 전년 동기 40.4%에 비해 13.9%포인트 대폭 증가했다. 이후 공적이전의 5분위 배율 기준 불평등 완화 효과는 2020년 3분기에 전년 동기 대비 5.5%포인트, 4분기에 2.8%포인트, 2021년 1분기에는 5.1%포인트 증가했다. 이와 같이 추경을 통한 전 국민 재난지원금이 지급된 2020년 2분기에 공적이전의 불평등 완화 효과가 가장 크고, 3분기 이후에도 전년 동기 대비 효과가 큰 추세는 10분위 배율과 팔마 비율, 지니계수의 불평등 지표에서도 일관되게 나타나고 있다.

〈표1〉 2019~2021년 분기별 불평등 지표 완화 효과[18]

구분	2019년				2020년				2021년
	1분기	2분기	3분기	4분기	1분기	2분기	3분기	4분기	1분기
〈5분위 배율〉									
공적이전 효과	40.1	40.4	42.7	39.7	41.5	54.3	48.2	42.5	46.6
소득재분배 효과	38.2	44.2	42.6	41.9	41.1	56.7	49.9	45.2	47.5
〈10분위 배율〉									
공적이전 효과	53.6	52.3	55.1	55.7	55.7	65.5	62.4	56.8	58.4
소득재분배 효과	49.6	52.4	50.9	51.4	48.5	63.6	59.4	56.0	51.7
〈팔마 비율〉									
공적이전 효과	23.9	24.6	24.7	22.3	24.1	35.3	28.7	25.3	29.3
소득재분배 효과	25.7	29.9	28.3	26.2	27.8	40.4	33.3	29.6	33.8
〈지니계수〉									
공적이전 효과	15.6	14.5	16.6	14.3	14.6	21.8	17.1	16.0	17.6
소득재분배 효과	14.5	15.4	15.2	13.0	14.4	22.2	17.1	15.4	17.3

주: 개인 단위 가중치를 적용한 값임. 가구원 수의 루트값으로 균등화한 소득임. 공적이전 효과는 경상소득 기준 지표와 시장소득 기준 지표의 차이를 시장소득 기준 지표로 나눈 소득재분배 효과는 처분가능소득 기준 지표와 시장소득 기준 지표의 차이를 시장소득 기준 지표로 나눈 비율임. (자료: 통계청 2019-2021년 가계동향조사(분기) 원자료 저자 분석.

결론적으로 불평등 완화 효과가 크다는 것은 코로나19 확산이 본격화된 당시 시장에서의 1차 분배에 의한 불평등이 심화하였고, 이에 적극적인 재정지원, 특히 공적이전 지원이 작용한 것으로 해석할 수 있다. 그러나 저부담·저복지 구조 하에서 불평등 완화는 그렇게 크다고 할 수는 없을 것이다. 한국의 불평등 지수를 생각했을 때, 분배와 재분배의 문제가 해결되지 않고서는 성장 또한 이루어지지 않는다는 점을 보수적인 경제학들마저 고수하고 있기 때문에 이에 대해서는 깊이 생각을 해보아야 할 문제이다.

---

[18] 자료: 김성아(2021). 불평등, 지표로 보는 10년. <보건복지 Issue & Focus>. 409호. 한국보건사회연구원.

(2) 자산 불평등(2019년, 2020년)

한국의 자산 불평등은 매우 심각한 수준이다. 한국은 땅이 좁고 인구 밀도가 높기 때문에 땅을 소유해서 이익을 내려고 하면 많은 이윤을 남길 수 있는 상황이다. 그런데 정부가 토지와 주택에 대해 관리 통제를 하고 있지 않다는 것은 필수재로 국민들에게 돌아가야 할 몫이 소유가 가능한 국민들에게만 편중되게 되는 결과를 낳게 하고 자산 불평등의 심화를 가져오는 것이기 때문에 이에 대한 국가의 역할에 대한 논의와 개선이 필요하다. 특히 토지 소유와 관련하여 국가 소유가 어느 정도인지를 봐야 한다.

아래 〈그림3〉에서 보듯이 2020년까지 소유주체별 토지소유 추이의 주요 특징은 법인의 토지점유율이 면적으로나 가액으로나 모두 계속 증가하고 있다는 점인데, 이는 매우 심각하게 봐야 할 문제이다. 물론 중소기업을 포함한 수치이겠지만 더 정교한 분석이 필요하다.

또한 시장가치를 반영하는 공시지가로 생산한 〈표2〉에서 보듯이, 상위 1%의 점유율뿐만 아니라 점유액 증가가 압도적이다.

<그림3> 민유지(개인)와 법인 토지의 점유율 변화 추이

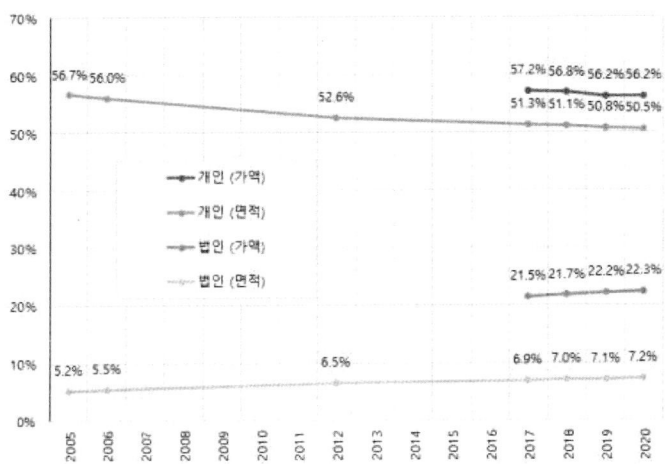

자료: 국토교통부, 2020 토지소유현황

<표2> 상위법인의 토지 점유율 추이 (단위: %, 조원)

연도	상위 1%		상위 5%		상위10%	
	점유율	점유액	점유율	점유액	점유율	점유액
2012	70.2	491.1	84.6	491.2	89.9	628.7
2017	70.6	675.7	84.2	805.4	89.5	855.2
2018	70.5	738.0	84.0	879.2	89.3	933.6
2019	73.3	915.9	85.4	1,067.4	90.1	1,125.9
2020	75.1	1,044.9	86.2	1,199.6	90.6	1,260.7

자료: 국토교통부 통계누리

70-80년대 영국에 방문했을 때 영국 교수로부터 듣기로 영국의 국가의 토지 점유율은 20세기 초만 하더라도 약 90% 정도였는데, 21세기 초에 와서 약 63%로 떨어졌으며, 영국 정부가 민영화 등으로 토지를 많이 팔았고, 그 영향으로 영국도 현재 심각한 주택 문제를 겪고 있다는 것이다. 이 대화 이후에 한국의 정부가 갖고 있는 토지는 얼마인지 생각해봤는데 약 20% 미만일 것으로 추정된다. 영국의 경우 노숙자 정책을 수립하는데 있어 가장 중점을 두고 있는 것이 주택 공급 등의 주거 정책이었다. 인간에게 가장 기본적으로 필요한 요소라고 생각하는 것이다. 반면 한국은 주택, 부동산 등 주거 문제에 있어 그저 상품으로써 거래하는 것에 집중되어 있다. 주거는 두 가지 속성을 가지고 있는데, 물론 상품이기도 하지만 그러한 소비재라는 개념에 앞서 인간 삶의 필수재이기도 하다는 것이 부각되어야 한다. 한국은 빈곤을 개인의 문제와 책임으로 보지만 영국은 그렇지 않다. 자산과 주거문제에 있어 그러한 관점과 책임소재의 변화가 필요하다는 것이다.

〈그림4〉는 지니계수로 확인한 최근 자산 불평등 수준이다. 비교를 위해 소득 지니계수를 제시했다. 시장소득 지니계수는 0.404, 경상소득은 0.358, 처분가능소득은 0.346이다.

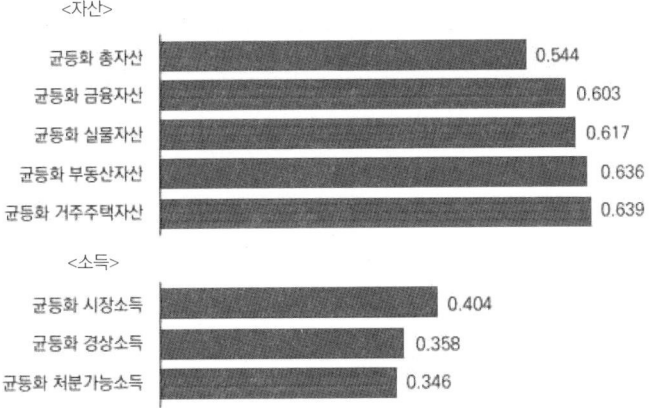

<그림4> 2019년 자산 및 소득 지니계수[19]

주: 개인 단위 가중치를 적용한 값임. 가구원 수의 루트값으로 균등화한 자산, 부채, 소득임.
자료: 통계청. 2020년 가계금융복지조사(가구)(2019년 기준) 원자료 저자 분석.

    총자산, 즉 실물자산과 금융자산의 합산 기준 지니계수는 0.544로 경상소득 기준 지니계수에 비해 52.1% 높다. 금융자산의 지니계수는 0.603으로 소득 기준 지니계수에 비해 불평등 수준이 높고, 실물자산의 지니계수는 0.617로 소득 기준 지니계수뿐 아니라 금융자산 지니계수에 비해서도 불평등 수준이 높다. 실물자산 중 부동산자산의 지니계수는 0.636으로 실물자산 지니계수에 비해 높으며, 부동산자산 중 거주주택자산의 지니계수는

---

19) 자료: 김성아(2021). 불평등, 지표로 보는 10년. <보건복지 Issue & Focus>. 409호. 한국보건사회연구원.

0.639로 부동산자산 지니계수에 비해 높게 나타나고 있다. 결론적으로 모든 자산 유형의 불평등 수준이 소득 불평등에 비해 높다. 특히 부동산, 그 중에서도 실제 거주하는 주택자산의 불평등 수준이 높게 나타났음에 주시할 필요가 있다.

약육강식 식의 금융자본주의에 대해서는 좀 더 문제의식을 가지고 보아야 한다. 앞서 언급했듯 인터넷을 통한 새로운 플랫폼들이 계속해서 생겨나고 있고, 그 시장에서 2-3년 만에 엄청난 부를 축적한 부자들이 생겨났다. 이 구조는 금융자본주의와 과학기술이 만들어낸 것인데, 그 세계를 통제 관리할 수 있는 법적인 근거가 아직 어디에도 갖추어져 있지 않다. 그러는 사이에 지금도 이 영역에서는 엄청난 부가 창출되고 있고, 전 세계적인 불평등과 소외 또한 계속되고 있다.

2. 불평등 해소 정책의 과제

이상에서 대한민국과 전 세계에서 나타나고 있는 불평등의 실태를 살펴보았다. 그리고 이제, 생태적 지속가능발전(Ecologically sustainable development)의 개념으로 복지국가를 조망하는 것이 필요하다는 주장 아래 다음과 같은 대안을 제시한다.

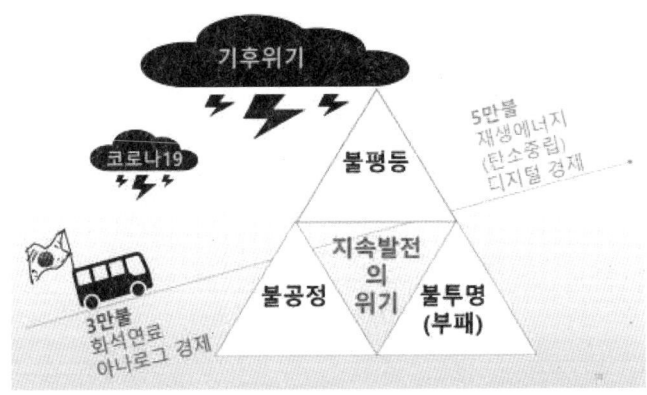

자료: 주병기(2021). '대전환시대의 공정성장 전략' 발제문.

(1) 저부담·저복지 체제에서 중부담·중복지 체제로의 일대 전환이 일어나야 한다. 미국의 경우를 예로 들어본다면, 유럽에 비해 사회복지 측면에서 뒤떨어지는 측면이 있고 지독한 선별주의 국가이지만, 적극적으로 보편주의를 적용하는 대상들이 있는데 바로 아동, 장애인, 이주민·난민 그리고 노인이다. 유엔아동권리협약에도 나와 있는 무차별의 원칙을 반영하여 미국도 18세 미만의 아동을 국가가 무조건 책임지고 있다. 장애인도 마찬가지로 소득에 관계없이 보편 복지를 실시하고 있다. 그 다음 이주민·난민은 우리나라에서는 아직 이루어지고 있지 않고 국제적으로 가입도 되어 있지 않은 영역이다. 1990년대 아동권리협약과 같이 그 이후에 이주노동자권리협약이 제정되었는데, 이것은 기

독교 성경에서 '나그네를 돌보라'는 말씀을 바탕으로 유럽 국가들을 중심으로 협의된 복지 체제라고 할 수 있다. 물론 이 나그네에는 이주노동자와 난민이 모두 포함된다. 나와 아무런 상관이 없고, 우리 지역 출신이 아니더라도 보호가 필요한 자들을 위한 지원에 적극적으로 임해야 한다는 것이며, 이것은 특히 이주 노동자에게 자국민과 동일한 자격을 부여하는 것을 뜻한다. 이주노동자협약이 제정되었을 때 대한민국의 이주노동자는 약 20만 명이었는데, 당시 정부는 이주노동자가 100만 명이 넘는다면 이들을 위한 법 개정과 지원책을 적극적으로 검토하겠다고 했다. 2021년 현재 200만 명에 가까운 이주노동자가 거주하고 있는 현실이 되었고, 문재인정부에 이에 대한 목소리를 냈지만 잘 실행되지 않고 있다. 미국의 복지정책의 마지막 대상은 노인이다. 사실 전 세계적으로 보면 노인은 무차별적 보편주의의 대상은 아니다. 젊었을 때 미래를 대비해 소득을 얻고 저축할 수 있고, 국가가 일자리를 보장하는 정책들을 펼치고 있기 때문이다. 다만 노동 능력을 상실한 노인과 빈곤선 밑에 있는 노인을 위해 미국과 여러 국가들은 선별적으로 다양한 지원이 이루어지고 있다. 노인 빈곤율이 40%대인 우리나라에서는 특히 이 문제를 해결하기 위한 적극적인 방안 마련이 시급하다.

우리나라에 종종 이야기 되고 있는 복지 개편안은 유럽식의 고부담·고복지 체제를 갖추어야 한다는 주장이다. 우리가 복지국가로 나아가는 것을 목표로 삼아야 하기는 하지만, 현실적으로 지금은 그렇게 바로 전환될 수 있는 여건이 갖추어져 있지는 않다. 그래서 중부담·중복지를 먼저 이야기하고 실현해야한다. 이는 지난 박근혜정부도 내세운 바이다. 이에 대해서는 여야 관계없이 동의하는 부분이기 때문에 이제 합의와 개혁의 진전이 이루어져야 할 것이다.

(2) 복지국가의 생계 체제로서 정부와 민간의 상생 구조와 협력적 관계 가능성, 소위 정치적 '복지 동맹'에 대한 가능성이다. 매년 복지와 세금에 관한 조사를 실시하고 있는데, 복지가 필요한가라는 질문에 그렇다고 답하는 사람이 약 70%에 달한다. 불평등에 대한 조치가 필요하다고 생각하는 것이다. 그러나 복지를 위해 세금을 내겠냐는 질문에 그렇다고 답하는 사람은 40% 정도 밖에 되지 않는다. 최근 자산과 소득 불평등이 심해지면서는 오히려 증세에 대한 답변도 함께 떨어지고 있기는 하다. 국민 소득을 10분위로 나눠서 보았을 때 상위 60%는 경제적으로 안정되어 있다. 집값이 크게 올라도 집을 살 수 있을 정도이고 저축도 할 수 있는 정도라는 것이다. 문제는 그 아래 40%에 있다. IMF 이전에는 국민 소득을 5분위로 나눴을 때 하위 20%는 가난하고 상위 20%는 고소득자로 봤다. 그리고 2, 3, 4분위 60%는 중산층에 속했다. 우리나라의 중산층이 두터운 시절이었

다. 그러나 현재는 그 중산층 중 20%가 하위로 떨어졌다. 산업의 변화, 분야별 자동화, 저성장 등으로 일자리가 줄어들고 있다는 뜻이다. 더구나 코로나19가 지속되고 있는 팬데믹 상황에서는 정부와 민간의 복지 동맹을 이룰 수 있는 층을 확보하기가 어려운 일이다. 이를 해결해야하는 것이 앞으로의 숙제이다.

(3) 급여 할당 체계가 중요하다. 이는 일반적으로 생산 체계와 비교해 볼 때 돌아가는 메커니즘이 완전히 다르다. 앞서 언급했던 금융 자본주의 체제에서의 의료, 주거, 교육, 고용, 돌봄 서비스, 산업에서의 불평등과 그 악순환은 급여 할당 체계가 갖추어져 있지 않기 때문에 그 골이 깊어지는 것이라고 할 수 있다. 교육의 영역에서는 사교육 시장이 거대해지면서 공교육이 위축되고 교육 자체가 상품화 되어버렸다. 주거 또한 앞서 말했듯이 토지와 주택의 상품화가 이미 곤고한 상황이다. 그나마 의료 영역은 국민건강보험제도가 자리 잡고 있어 상대적으로 낫다고 하지만, 의사가 공무원인 영국이나 공공병원이 32%에 달하는 미국과 달리 우리나라는 공공병원이 겨우 15% 수준이고, 지역 간 의료 접근성이나 수가 체계의 한계로 인한 격차가 발생하고 있는 현실이다.

다시 한 번 강조하지만 의료, 주거, 교육, 돌봄 서비스는 사람이 살아가는 데 매우 필수적인 요소들이다. 그런데 현재 우리나라는 특히 주거, 교육, 돌봄 서비스 영역에서 심각한 격차와 소외의 문제가 발생하고 있다. 철저하게 보장받고 누려야 할 기본적인 권리가 국가가 아닌 시장에 의해 좌지우지 되고 있기 때문이다.

에스핑-엔더슨(Esping-Anderson)은 탈상품화 지수를 통해 복지국가 유형을 분류한다. 탈상품화란 개인의 노동력을 시장에 팔지 않고도 삶을 영위할 수 있는 정도, 은퇴, 실업, 질병과 같은 이유로 노동을 할 수 없는 상황에서 국가가 어느 정도의 급여 또는 지원을 제공해주가의 정도를 말한다. 즉 한 국가에서 인간의 기본적인 삶의 필수재들이 얼마나 공공화 되어 있는가가 그 국가가 복지국가인지 아닌지를 나타내는 것이라고 볼 수 있다. 대한민국을 이러한 척도에 비추어보면 공공병원 비율만 보더라도 복지국가라고 말하기 어려운 현실이다.

급여 할당 체계는 탈상품, 즉 필수재를 국가가 어떻게 관리하느냐에 달렸다. 이것에 총력을 기울이고 있는가 하는 것이 개개인의 삶과 행복에 영향을 미친다. 필수재는 인간 삶의 질을 높여주는 아주 중요한 분야이기 때문에 국가가 이에 대해 적절한 설계를 갖추고 있는지, 얼마나 보편적으로 적용하고 있는지를 살피고 개선하는 것이 중요하다. 물론 모든 복지가 보편적으로 시행되어야 하는 건 아니다. 요즘 기본소득에 대한 논의가 활발하게 나오고 있는데, 미래지향적인 관점에서 4차 산업혁명 속에서 고용 없는 성장이 꽤 지속적으로 이루어질 때에는 기본소득이 지급되어야 한다. 따라서 현재 기본소득의 실험이 필요한데, 코로나19라는 재난상황에서 지급된 전 국민 지원금은 재난이라는 특수한 상황에서 이루어진 것이고, 이후에는 소상공인 등 팬데믹으로 피해를 입은 집단에게 선별 지급하게 되었기 때문에 보편적으로 모두에게 지급하는 것을 취지로 하는 기본소득은 현재로서는 논의가 주춤해진 측면이 있다. 현재에 필요한 것은 소득보장 보다는 사회서비스의 보장 확대가 우선적으로 이루어져야 할 것으로 생각한다. 왜냐하면 사회서비스 보장은 단순한 소득보장 보다는 사회서비스를 제공할 수 있는 전문적인 인력의 일자리 창출을 할 수 있으며 동시에 저소득층의 소비 부담도 줄여줌으로써 소득보장의 효과도 낼 수 있는 이중의 정책 효과를 거둘 수 있기 때문이다. 그렇지만 고용 없는 성장이 향후 상당 기간 동안 지속될 것으로 예상되며 예상치 못한 기후환경 문제, 전염병 문제 등 다양한 이유로 불안정해진 상황 속에서 장기적으로 기본소득에 대한 실험은 필요하다.

(4) 그 외에도 기득권 지배 세력이 유포한 신자유주의(시장 만능주의) 이념과 담론의 퇴각을 담보하는 민주주의의 성숙과 새로운 사회적 대타협의 가능성에 대해 생각해봐야 한다. 우리 사회

불평등의 문제가 가속화되고 있는 현상과 인식의 뿌리에 대한 고민이 필요하다.

또 다른 하나는 대표적인 복지국가인 덴마크와 스웨덴의 경우처럼 가족 영역에서 양성생계부양자모델로 넘어가도록 하는 일이 필요하다. 앞으로 더욱 더 여성들의 능력을 인정하고 기회를 제공하는 등, 여성 인력을 잘 활용하는 방안을 확대하는 것이 선진국으로서 대한민국의 숙제이다. 우리나라는 지역 간 격차도 심각하다. '분권형 지역거버넌스'를 구축하여 지역자치 연대운동이 활성화 될 수 있도록 해야 한다. 실질생활형 주민 주체 조직의 활성화를 우선으로 지역복지동맹이 일어나야 할 것이다.

기후 문제로 인한 전 지구적 위기와 전환 가운데 탄소 중립화 등 기후 대응을 어떻게 실천할 것인지, 이에 대한 시급성을 인식하는 가운데 국가 차원의 의지와 능력을 점검해야 한다. 또 평화복지국가에 대해 생각해야 한다. 민족 분단국가인 한국의 특수성과 맞물려 있는 전쟁의 불안을 종식시키고, 남북관계협력과 더불어 평화 복지 국가를 이루기 위한 방안을 모색해야 한다. 노동법, 이주노동자 관련법, 사회보장법 등을 국제기준에 발맞추어 가도록 개정하는 것과 개발도상국가에 대한 국제적 원조 체제와 재원 마련 계획 등 선진국으로써 좀 더 갖추어야 할 부분들에 있어서 우리는 좀 더 관심을 가지고 노력해야 한다.

이상에서 짚어 본 여러 가지 불평등 해소 정책을 성공적으로 이루어가려면 적어도 다음 세 가지 문제에 대한 깊은 논의와 준비가 필요하다. 바로 1) 제도화 문제, 2) 재정 문제, 3) 인력 문제가 그것이다.

1) 불평등 해소 정책을 실현하기 위해 새로운 제도와 법이 필요하다. 이는 중앙정부와 지방자치단체의 행정체계 구축(Service delivery system) 및 활성화 문제와도 직결되는데 Government가 아닌 Governance, 즉 체제와 행정의 형식을 넘어선 통치와 협력의 방식에 대한 새로운 관점과 개선이 있어야 할 것이다.

2) 현재의 저부담·저복지 체계에서는 소득 보장이 해결될 수 없기 때문에 중부담·중복지 체계로 올라서야 하는데, 이는 국회에서는 어느 정도 합의가 이루어진 부분이기 때문에 이제는 국민적 합의와 지지를 얻어 내어야 할 문제이다.

3) 제4차 산업혁명 시기에 사회서비스보장은 소득보장과 달리 전문성을 요구하며, 일자리 창출의 견인차 기능을 하게 된다. 이를 위한 전문가의 양성과 발굴, 배치 등 인력 문제를 해결하기 위한 방안들도 함께 논의되어야 한다.

결론적으로, 우리가 상상하는 복지국가에 대한 방향성이 이념이나 구호로 그치지 않고 국민 개개인의 삶과 생활에서 피부에와 닿는 구체성과 실현성을 담보로 하는 정책들을 만드는 것이 무엇보다 중요하다는 것을 강조하고자 한다.

저자 소개

이준일
고려대학교 법학전문대학원 교수, 국가인권위원회 인권위원, 법학박사

김동춘
성공회대 사회학과 교수, 민주주의연구소 소장

이재열
서울대 사회학과 교수, 서울대 아시아연구소 한국사회과학자료원 원장

신광영
중앙대 사회학과 명예교수

조흥식
사회복지공동모금회 회장, (사)기독교윤리실천운동 이사

기독교윤리실천운동과 함께 하기

기윤실소식   좋은나무 웹진

뉴스레터 구독   이메일   카카오톡

 페이스북 www.facebook.com/giyunsil

 유튜브 www.youtube.com/giyunsil

 인스타그램 www.instagram.com/giyunsil

SNS 친구

후원계좌 (예금주: 기독교윤리실천운동)

국민은행 037-01-0504-979
하나은행 109-228746-00104

후원회원 가입

QR코드로
가입신청서 작성

<도서출판>기윤실

코로나19가 드러낸 한국교회의 민낯,
정직하게 마주하고 아프게 성찰하다.

저 자   신하영 조성돈 이병주 장동민
        강성호 조주희 신동식 정병오
판매처 갓피플몰 (https://mall.godpeople.com)
값   10,000원

ISBN 979-11-952512-3-0

기윤실의 어제, 오늘 그리고 내일

저 자   정병오
값   무료

ISBN 979-11-92512-2-3 [13230]

(사) 기독교윤리실천운동   www.cemk.org

(04382) 서울시 용산구 한강대로 54길 30, 401호 (세대빌딩)
전화 02-794-6200   이메일 cemk@hanmail.net